好孩子的成功99%靠妈妈 1

我如何将 3 个资质各异的孩子送进哈佛、耶鲁

（韩） 张炳惠 ◎著 李世鹏 ◎译

海天出版社（中国·深圳）

图书在版编目 (CIP) 数据

好孩子的成功 99% 靠妈妈 . 1 / (韩) 张炳惠著 ; 李世鹏译 . — 深圳 : 海天出版社 , 2014.5

ISBN 978-7-5507-0944-7

I. 好… II. ①张…②李… III. 家庭教育 IV. ① G78

中国版本图书馆 CIP 数据核字 (2013) 第 312930 号

版权登记号 图字 : 19-2013-184 **号**

好孩子的成功 99% 靠妈妈 1

(HAO HAIZI DE CHENGGONG 99% KAO MAMA 1)

海天出版社出版发行

(地址 : 深圳市彩田南路海天大厦 518033)

http://www.htph.com.cn

订购电话 : 0755-25970306, 83460397

执行策划 : 桂 林 黄 河

责任编辑 : 蒋鸿雁 谢 芳

责任技编 : 梁立新

特约编辑 : 杨华妮

装帧设计 : 张 英

深圳市东亚彩色印刷包装有限公司印刷 海天出版社经销

2014 年 5 月第 1 版 2014 年 5 月第 1 次印刷

开 本 : 787 × 1092mm 1/16 印张 : 12

字 数 : 156 千字

定 价 : 29.80 元

教育、培养孩子的方法并不来自所谓的教育理论，而是来自父母本身。只有父母最清楚孩子处在什么样的环境中、有什么困难、喜欢什么、讨厌什么，我们不该忽视自己的力量，更不该放弃自己的观点。

孩子
你可知道
妈妈有多爱你

孩子
你可知道
成长要付出多少努力

阳光从你的睫毛滑落
时间从你的肩头流过

前方总有无数的高山
需要你每一次努力地攀援

让妈妈看你的快乐和成长
妈妈期待你的那一天
破茧而出在广阔天空里精彩飞翔

孩子
健康地长大
和小鲸鱼一样
在世界这偌大海洋里
劈风斩浪

孩子
时间抚触我的皱纹
而你，抚慰我的笑容

——蔷薇盛放

致中国读者信

Dear Chinese Readers：

I hope that this book will be helpful to you as parents.

As a professor and a mother of three children, raising happy and successful children has always been both my personal dream and professional goal. In these books, first published in 2003, I have tried to explain how to train children, based on my knowledge and experience.

Using the techniques I have written about, not only have my children become successful leaders in their professions, but three grandchildren of mine have been accepted for early admission by Yale University (one in 2011 and two in 2013).

Enjoy being parents!

Byoung-Hye Chang

亲爱的中国读者：

我希望本书能让你多多受益，就像父母在你身边一样。

作为一位教授和 3 个孩子的妈妈，培养快乐、优秀的孩子一直是我的个人愿望和职业目标。这本书早在 2003 年就已经出版过了，我尽量在个人学识和经验的基础上，给大家解释如何教育孩子。

我运用书中写到的技巧，不仅把自己的孩子培养成了行业中的佼佼者，而且我的 3 个孙子也都获得了耶鲁大学的录取通知书（1 个在 2011 年，2 个在 2013 年）。

享受为人父母的乐趣吧！

张炳惠

推荐序

张　健

劳动部家庭教育指导师培训专家

北京长松咨询家庭教育研究中心主任

推动摇篮的手就是推动世界的手

读完这个书名，也许你会说，“怎么可能？一个孩子的成败，父母都有责任，为什么作者独独认为妈妈就承担了全部的责任？”我相信看到这本书时，很多读者和我有同样的想法。

西方有一句教育格言：推动摇篮的手就是推动世界的手！是的，母亲就是如此神圣，如此伟大。读这本书时，我心里有很大的触动，被称为“韩国第一妈妈”的张炳惠，她认为：“要想孩子成功，妈妈的角色十分重要，因为无论是从生理还是心理来说，妈妈是孩子最熟悉且最信任的角色，妈妈的一言一行和教育方式，会对孩子日后的成长产生深刻的影响。”

我从事家庭教育研究多年，曾经在课堂上讲过一句话：“一个女人可以影响家族三代。”当然这里的女人就是指妈妈，学员往往会问我为什么？我通常解释说：“由于男女的生理差别及千百年来传统的社会角色期待和角色分工不同，母亲对子女的影响远远超过了父亲。从十月怀胎到咿呀学语，再到长大成人，子女的言谈举止、所思所想、所需所求，母亲会比任何人都了如指掌，并能够应对自如。”从孩子来到这个世界开始，母亲就比其他人更善于发现孩子的才能、个性和兴趣，而这一点是任何一位教育专家都难以做到的。发现孩子的天赋，引导孩子向未知领域发起挑战，向着自己的目标去努力发展，是作为妈妈应有的一份责任，也是孩子未来成败的重要因素。古有岳母刺字之精忠报国，孟母三迁之居必择乡，陶母教子之送子“三土”。而在现代，母亲的影响也不可小觑，美国前总统艾森豪威尔也曾经说：“母亲绝对是对我一生影响最大的人。”

奥地利心理学家弗洛伊德曾经称，“母亲对孩子的独特关爱可以让子女产生特殊的自信，使他们在以后的人生道路上迈向成功。”美国历史学家道格·威德研究发现，大多数美国总统都有一位坚强的母亲，他们即使当上总统，在某种程度上仍然依赖母亲，将母亲当作自己最信任的总统顾问。可见，母亲在这些伟人的成长之路中有着无可替代的作用以及深远的影响。

所以我跟很多父母讲：“从小处说一个女人可以影响三代，就不足为奇了。”如果从大处着眼，主宰国家命运的不是在台面上的政治人物，而是摇篮旁边的那双手，母亲的素质决定着人类和民族的未来。从这点来讲我的这个标题“妈妈决定孩子教育的成败”就一点也不过分，而“好孩子的成功 99% 靠妈妈”更是恰如其分。

我希望中国的读者朋友在读这本书能够接收到“韩国第一妈妈”给我们的几点提示：

第一，要放下对孩子过多的期待与贪恋，真心为孩子设想并不断传递妈妈的爱。有朝一日，孩子长大成人，就会以同样的爱来回报妈妈。这就是教育回报，有正因必有正果。

第二，妈妈要孩子做某件事或学习某种特长时，先要问问自己，到底这是你想他去学，还是孩子自己的意愿？这一点正好解决了当下很多妈妈给孩子报各种课外辅导班的问题。

第三，许多妈妈常容易盲目跟风，但每个孩子均有不同性格，妈妈们不能迷信一套理论，要注意去观察孩子的特性，而不是完全效仿别人的做法。这一点正印证了我们的一个基本教育理论：要对孩子因材施教。而要做到这一点就需要用心了解你的孩子。

第四，作者在书中提醒妈妈们要注意的是要培养孩子接受失败的能力。她在书中写到："永远只知胜利、只知成功之道的孩子们，当他们面临人生大小不同的挫折时，他们根本不知道该如何克服，他们也不知道要如何从失败中学习经验与教训。反而那些经历挫折，克服失败的孩子们，他们会牢记自己为什么失败，并更加努力，而且未来就算再次碰到失败，他们也不会有挫折感，因为就算面临失败，他们还是拥有再次尝试的信心。"这也是我们常常提及的挫折教育，书中作者的论述让我们产生强烈共鸣。

最后我想告诉读者朋友，读完这本书稿后，我深受触动，并深刻感知到这本书不仅仅是一本妈妈的教子枕边书，更是对中国家庭传统教育的一个有益的补充。作为一名家庭教育工作者，我期待有更多的中国父母因为此书而受益。

张健，北京长松咨询家庭教育研究中心主任，劳动部家庭教育指导师培训专家，国家二级心理咨询师鉴定专家，中国家庭系统的创建者。有12年的家庭教育训练经验，协助过逾万个家庭成长。在家庭动力激发、家庭关系整合以及家庭发展规划等方面形成了系统的观念，系统地研究过家族教育。在全国各地培训过5000多名中小学校长，其教育理念被电视台、报纸多次报道，被媒体誉为"家庭气质教育第一人"。

目 录

第3章

善于引导，培养孩子优秀的品格

81

第4章

改变孩子先从改变自己开始

105

前　言

孩子的成功靠父母

到目前为止，我已经在教育领域工作了整整 40 个年头。在大学里，我是教导学生的教授；在家里，我是 3 个孩子的妈妈。从这一点上来说，我一生从事的是一份“授人以知识、教人以德行、强人以体魄”的工作。

在将懵懂无知的孩子抚育成人的过程中，我深深地体会到，父母的言行举止决定了孩子们的习惯及成长。正如每一位父母所熟知的那句俗语一样：“种瓜得瓜，种豆得豆。”

父亲让我明白了“自由”与“自律”的区别

我的父亲是已故的前总理张泽相，我是他的第 3 个女儿。我的家族是当时的三大豪门之一，可谓声名显赫；而父亲一生都致力于独立运动。出生于一个如此显赫的家庭，我自然被父母视为掌上明珠。如果当时我像普通的女性一样，找一个门当户对的人家结婚，那么我会度过一个衣食无忧、平平安安的人生。

父亲一生都在为祖国的富强而奋斗，受父亲的影响，19 岁那年，我怀着满腔热血踏上了留学美国之路。临行前父亲叮嘱我说：“在美国学习，是为了将来更好地为祖国效力。”带着这样的嘱托我离开了深深热爱着的祖国。

早在来美国之前，我就宣布不花家里的一分钱，要靠自己的力量来完成学业。长满茧子的双手见证了我的承诺，靠着打工维持生活，我最终拿到了学位。

就在我向着目标一步一步迈进的时候，我遇到了我的 3 个孩子。我现在的丈夫曾经是我的同事，他的前妻去世后，他带着 3 个孩子过着独居的生活。可以想象一个男人带着 3 个孩子的生活是多么艰难，由于没有一个完整的家庭，3 个孩子经常要托付给别人代养，因此他们非常渴望能够拥有一个完整又温暖的家。

在和他交往的过程中，3 个孩子对我显得非常依恋，他们需要我给予他们足够的关怀。最终，正是因为这 3 个孩子，我才下定决心和他结婚。

结婚后，我们组成了一个新的五口之家，同时这也预示着我开始了一段崭新的征程。

由于从小失去了母亲，孩子们一直过着不安定的生活，他们对突然建立的新家很不习惯。3 个孩子从小就不知道互相谦让，经常为了一点小事而争吵。做起事情来，注意力不集中，行为十分散漫。第二个孩子还被医生诊断为因小时候心理受过刺激而无法集中注意力。

在无边的困扰中，我甚至感到有些绝望，但是对父亲的回忆，使我重新振奋起来。父亲从来不强迫我们做任何一件事情。但是，他要求我们必须遵守一个“基本原则”，那就是无论你的年龄多小，都要为自己所做的事情负责。他让我们分清了自由与自律的区别。

在艰苦的留学期间，我看见许多留学生被淘汰或堕落，在这种环境下，我坚持努力学习并最终完成了学业，这正是托了当年父亲教我们的“基本原则”的福。在那一段社会动荡的时期，父亲曾留学英国，他十分热衷于学习，但是他从不强迫他的儿女们学习，只是在看到我们不用功读书时，才会说一句：“不学习就赶不上祖国前进的步伐了。”

正是父亲这种“行动靠自觉”的教诲，使我在留学期间即使喝咖啡时都在学习。

父亲常说：“所谓养育子女并非照顾好他们的衣食起居那么简单。”如果你认为父母的作用只是让孩子们吃饱穿暖那就完全错了。

想起父亲的教诲，我开始努力争取成为孩子们的良师益友。所谓“良师益友”，就是凭借自己的智慧与别人对你的信赖，成为孩子们人生的榜样。然而，当我真正下定决心要成为孩子们的良师益友时，我在孩子们面前却表现得十分紧张。因为我现在的一言一行，都可能影响到日后孩子们的所作所为，因此我做事开始谨慎起来，连吃饭这种小事都变得小心翼翼，力图成为孩子们的榜样。

我的行为最终获得了回报，孩子们就是以我为榜样成长起来的，想一想，世上还有比这更美好的事吗？无论在什么情况下，我都不强迫孩子们做什么，而是力图成为他们的榜样。在同孩子们一起生活的那段时间里，我牢牢地把握住了这一原则。

在希望孩子们做什么事之前，我总是自己先起到表率作用。我推掉了各种社交酒会，连一些正当的娱乐活动我也尽量避免参加，因为我知道我的一举一动都会被孩子们看在眼里。

就连该看电视或者休息的时候，我也会坐在书桌前学习或者写论文。孩子们看到我的举动，也都纷纷丢下玩具，拿起书本认真地读起来。在这种潜移默化的影响下，学习已经成了他们生活的一部分。现在，已经长大成人的 3 个孩子回忆起幼年的时光，都感觉当时对他们来说学习并不是一种任务或负担，而是和吃饭睡觉一样，是日常生活中的一部分。

很幸运，我的孩子们分别考上了哈佛大学和耶鲁大学，成了名副其实的栋梁之材。但是，我从未按照什么所谓的教育理论对他们进行过教育，也没有让他们去补习或上任何特殊训练课程。我深信，我们夫妇在生活中的表率作用才是他们茁壮成长的秘诀。

不要从孩子身上找原因，而要从父母自身找起

我深信，优秀的父母会教育出优秀的子女。当有的父母问起我教育孩子的秘诀时，我总是告诉他们这样一条不是秘诀的秘诀："不要从孩子身上找原因，而要从父母自身找起。"

在父母身上出现的问题也会在孩子身上体现出来。父母不以身作则，而是一味地要求孩子去做这做那，孩子是不可能做好的。

举一个简单的例子，父母坐在客厅里一边不停地转换着电视频道，一边强迫孩子去学习，有哪个孩子会心甘情愿乖乖地坐到书桌前去读书呢？如果想把孩子培养成为一名优秀的人才，父母首先就要成为孩子学习的榜样。在教育孩子的过程中，父母要坚持自己的教育原则。在大谈开发孩子创造力之前，首先要给孩子打好基础。

父母是最了解自己孩子的人，比任何人都清楚自己孩子需要什么。因此，父母才是教育孩子的最佳人选。然而，有些父母过于患得患失，因此反而不相信自己有教育孩子的能力。其实，只有父母最了解自己的孩子，教育孩子的正确方法就在父母心中。

父母不应该受外界所谓正统教育理论的干扰，而应将注意力集中到自己孩子的身上，而且要努力、谨慎地确立起自己的教育方法。从所谓的理论和规则上是找不出培养孩子的最好方法的，教育孩子的方法主要来自母亲的本性和直觉。

当然，这并不意味着将所有的理论全盘否定，而是要像我上文所说的那样，首先相信自己的力量，然后博采众长。在学习别人的理论和学说时，要坚持自己的正确原则。其中有一点非常重要，那就是父母一定要具备准确的判断力，能够分辨哪些方法适合自己的孩子、哪些方法可取、哪些方法应该摒弃。

正确的教育方法，是父母在对孩子的长期观察和不断理解的过程中确立起来的。

与其把孩子送到培训班，将时间花到研究理论上，不如仔细留意一下孩子的行动，观察一下孩子在想什么，对什么感兴趣，特长是什么，有什么不足……然后，通过这些观察，总结出一个自己的教育框架，确立自己的教育方法。

我在美国和日本生活期间，通过和孩子们的接触，逐渐明白了一个事实：每一个孩子都有不同的潜力和创造力，但是如果不能很好地引导和开发，在他们幼小的心灵里播下错误的种子，那后果就非常严重了。

没有基础教育，创造力就无从谈起

在美国新泽西州生活的时候，受许多韩国侨民的委托，我创办了一个韩国人学校。当时，我问这些侨民为什么背井离乡来到这个陌生的地方受苦，他们的回答惊人的一致：

> 我们已经活了大半辈子，人生基本定型，但是孩子们正年轻，他们的未来充满了种种可能性。这里和韩国比起来，成长条件要好得多。如果不是为了孩子，我们也不会到异国他乡来受苦呀！

韩国父母的思想中其实存在一些误区。美国虽然被称为“美”国，但并不是我们想象的那样“美”，可以尽情地享受自由，尽情地发挥自己的才能。

从一个美国普通中产阶层家庭的生活中，我们可以马上看出美国人的生活现状。在这里，应当遵守的规则依然必须遵守，美国的传统教育方式同我们的教育方式一样有些古板。美国的孩子一样要遵守时间，按时坐到书桌前学习，一样有自己的烦恼，哪怕是交朋友这种事情父母都要过问。

有人不禁提出疑问，这还不是传统的教育方法吗？没错，确实是这样的，然而这却是美国人以数十年的时间为代价，换来的最终答案。在摆脱了清教徒式的伦理教育后，美国人埋头写下了一系列的教育方法，对自由与创造力的内涵加以延伸。但带来的结果却是，孩子们在成长过程中没有获得基本的人性教育和基础教育，致使街头出现了大量的嬉皮士。彻骨之痛使美国人认识到，21 世纪的教育方法依然是“坚持基础教育”。

经受了失败的教训，美国人深知，没有基础教育，潜力和创造力就无从谈起。在纽约一所著名的学校里，孩子们每天早晨 7 点就要上课，晚上过了 9 点才能回家。

孩子们的指导老师表示，如果孩子们只通过自己学习，是打不好基础的，那么也就谈不上将来会取得什么样的成就。所以，需要通过严格的授课方式，为启发他们的创造力、开发他们的潜力打好基础。

在日本，我也亲身感受到了日本的教育方式同美国的相似之处。虽然日本人提倡抛弃旧的教育体系，向可以激发更大创造力的教育模式转换，但他们始终坚持要做好基础教育。

为了开发孩子的潜力，以自由为基础的教育方式固然重要，但美国和日本的父母却非常清楚，在此之前要打好坚实的基础。然而，韩国的父母却没认识到这一点。特别是一些年轻的父母，他们在努力培养孩子创造力的同时，却忽视了基础教育。

阅读本书时，懂得取舍和灵活运用

每个孩子的体内都蕴藏着无限的才能，同样，每位父母也都有自己的一套教育方法。而且这种教育方法与父母所受教育程度和经济条件是没有关系的，每一位父母都可以也应该确立自己的一套教育方法。

本书记录了我在培养 3 个孩子的过程中所发生的一些事情，以及在美国、日本、韩国和许多孩子接触后所发生的点点滴滴。

不知道一些父母会不会把这本书也当作一本教育孩子的理论。但无论如何，我相信只要你坚持自己的教育方法，并在读这本书的过程中懂得如何取舍，那么我就相信本书可以帮你创造出世上独一无二、针对你孩子的教育方法。

希望通过本书，使你成为一位坚持自己教育方法、注重基础教育并以身作则的母亲。同时，也希望所有的孩子都能够成为品学兼优的人才。

张炳惠

第 1 章

好父母教育出好子女

曾有人问我：“你本是总理之女，为何要远渡重洋，来美国留学过苦日子？”还有人问我：“你一结婚就要抚养丈夫与前妻的 3 个孩子，你不觉得压力很大吗？”

当然，在学校里，我是一名颇具名望的教授，在家里我则成为把一分钱掰成两半花的主妇。我因为委屈而偷偷哭过，因为幸福而开怀笑过，也因为孩子调皮捣蛋而痛苦过……所幸，在我的教导下，3 个孩子最后分别进入了哈佛和耶鲁。

没有比父母更专业的专家

我是3个孩子的妈妈。我和我的丈夫是在美国留学时认识的，他的前妻为他留下了3个孩子，因此，一结婚我就成了3个孩子的妈妈。当时我对家庭生活还一无所知，不得不一边完成学业一边学着如何成为一个称职的妈妈。20岁至30岁的这段时间里，我的生活就如同打仗一样，过得十分辛苦。不过令人欣慰的是，这份辛苦并没有白费，孩子们跟意料中一样健康快乐地成长起来。

大女儿爱丽丝从小就是一个品学兼优的好孩子，毕业于哈佛大学法学院。儿子彼得在耶鲁大学学习经济学，后来又在哈佛大学商学院以第一名的成绩完成学业。小女儿南希16岁的时候在众人的赞叹声中进入耶鲁大学，她是同年进入耶鲁大学的学生中年龄最小的一个。两个女儿现在正在美国有名的法律商会担任国际律师（南希正在休产假）。儿子彼得是一名出色的企业家，正在纽约曼哈顿忙着他蒸蒸日上的事业。

3个孩子是如此的优秀，以至于有人认为我肯定有什么教育孩子的秘诀。遇见我的人通常都会请教我是如何将孩子送进哈佛和耶鲁的，甚至有人问我教育孩子时应当遵循什么样的原则，对于不同年龄段的孩子应该采取什么样的教育方法。

然而事实上，这些问题令我很为难，我只有对他们说抱歉了。回忆和孩子们在一起的每一时刻，实在想不出有什么特别的教育方法能令这些父母们满意，尽管他们十分热衷于这一点。

在我一边照料家庭一边学习的时候，我甚至没有时间像普通的父母那样，读一些有关教育子女的书籍。面对众多育儿理论和教育方法，我实在不敢奢望能有时间去拜读。但是现在回想起来，幸亏当时没有时间去研究这些所谓的教育理论和方法。

不久前我经过市内的一家大型书店时，看到有许多年轻的妈妈在争相看一本书，出于好奇我也上前拿了一本。这本书的书名是《父母必读》，打开书我看到了这么一段话：

> 婴儿出生 3 个月后大脑就已经相当发达，这个时期父母如何进行教育，直接关系到孩子智力的高低。为了使孩子拥有一个聪慧的大脑，父母应当采取科学的方法进行开发。

这些宣称父母必读的书，都有一套如何使孩子头脑发达的理论，它们详细地教你如何培养孩子。还有不少书不厌其烦地告诉你每个年龄段甚至每个月应该如何使你的孩子变得更加聪明。

当然，在抚养孩子的过程中，参考一些信息或教育理论是无可厚非的。因为现在大多数年轻的夫妇都不和父母一起生活，因此对于一些初为人母、毫无经验的母亲来说，书本上的育儿理论无疑给她们带来了一线光明。

但具有讽刺意味的是，你接受的教育理论、方法越多，教育孩子的时候就越不知所措。当你按照所谓的教育方法去教孩子该这样做、不该那样做时，往往会使孩子产生逆反心理。面对孩子的反抗，你也不禁怀疑这种教育方法是否正确；而不按照这些方法去做，你又会感到不安，担心孩子会不会因此落在别人的后面……我想，作为父母应当避免陷入这种恶性循环当中去。

有选择性地采纳家教理论

“按照孩子不同年龄段的发育过程分阶段进行教育”，大多数父母看到这句话时都会有种如获至宝的感觉。尤其是当他们发现原来孩子的每一个年龄段都应该有相应的教学工具时，他们就会认定这就是教育孩子的正确方法了。

专门从事幼儿教育的 M 公司称每个孩子都有无限的潜力，他们的幼儿教育理论是这样的：

> 幼儿期对人的一生来说是一个非常重要的阶段，对幼儿潜力的开发，决定了他将来学习能力的高低。根据韩国幼儿的特性和发育状况而制作的教学工具可以针对幼儿的每个年龄段进行教育。

和 M 公司并称为“幼儿教育界双雄”的 P 公司也认为应该分龄教养，主张为：

> 孩子的未来取决于创造力，据研究，进行早期智力开发的 100 个儿童当中有 30 人最后成为精英。本公司通过临床试验创造了一套认知教育理论，根据每个不同的发育阶段对孩子进行相应的教育。

M 公司和 P 公司的幼儿教育理论都是以外国儿童专家的教育理论为基础的，这一理论主张从婴幼儿时期开始就以每个月为时间单位进行阶段性教育。孩子的教育被细分为语言、数理、探知等几个方面。

半个世纪以前还没有这些所谓的理论学说，孩子的教育问题只是被当作生活的一部分。在养育孩子的过程中，如果有什么问题或者疑问，父母一般会向孩子的爷爷、奶奶、姨妈、姑妈或者有着丰富生活经验的邻居请教。

韩国人走出朝鲜战争的阴影后，迎来了一个生育高峰。年轻的父母们纷纷带着刚刚出生的孩子来到大城市，曾经的大家庭生活模式自然解体。面对呱呱坠地的孩子，这些年轻的父母身边没有可以请教的对象。于是，那些所谓的经过长期研究和试验的教育理论学说很自然地代替了老一辈人的言传身教。这些理论经过数年的研究和验证，最终被父母们当作一种正确的方法而接受。根据这些理论，曾经因为不知道如何教育孩子而产生的不安，在某种程度上得到了缓解。现在，由于这些教育理论浅显易懂、使用方便，因此对于那些没有任何准备的年轻父母来说，这些理论就成了解燃眉之急的救命稻草。但这一切却为孩子的成长埋下了隐患。

在希腊神话中，有一个“普罗克鲁斯特斯之床”的故事。

臭名昭著的妖怪普罗克鲁斯特斯利用他的床杀死过往的旅客。最初他看起来是个和善的主人，他将所有路经这里的人请到家里，让疲惫的身体得到休息。但当客人入睡后，普罗克鲁斯特斯就开始折磨他们。他要求客人的身材必须符合床的大小，如果客人的腿或脚搭在床沿上，他就将其砍掉；如果客人太矮，他就将客人拉长，直至将客人折磨死。

父母们都深信“无论谁只要努力就能将事情做好”。但是，每一个孩子都有自己的特点。有些孩子即使努力也不一定会成功，还有一些孩子天生个性就很倔强。有些父母没有自己的主张，而是盲目照搬所谓的理论，一不留神就将心爱的孩子置于自己设计的“普罗克鲁斯特斯之床”上了。

在美国生活期间，我在院子里种了许多花草树木。不过我发现，相同的种子种到相同的土壤里，长出的幼苗却各不相同。但不管哪一种种子，只有当小苗长到一定高度后才有可能成活，如果小苗无法达到这个高度那么它就失去了继续生长的机会。在好位置扎根的种子要比其他种子长得快些。同一种树，有的树枝很多，修整时需要将多余的树枝剪掉；而有些树的树枝很少，只是一个劲往上长，修整时应尽量剪断其顶部的枝芽，促进其枝叶横向发展。另外，施肥也不可采取同一标准，需要根据花草树木的生长速度和生长状态分别对待。种植花草树木尚且需要根据每株植物的具体情况进行护理、修整，更何况是教育人呢？

我的 3 个孩子在幼年时期并没有什么与众不同的地方，像大多数孩子一样，他们度过了一个平凡的儿童时代。但是，他们的性格却有着天壤之别。爱丽丝性格活泼，具备领导能力，但缺乏艺术细胞；彼得性格内向，却喜欢摆弄机器，在理科方面很有天分；南希有出众的艺术才华，有很好的文笔和逻辑思维。

3 个孩子的特点各不相同，我在教育他们的时候自然要因材施教。作为母亲，每时每刻都需要有冷静的判断力和坚定的意志。

我认为我在教育孩子的时候并没有遵循什么理论原则，而是凭着一个母亲所固有的本性和直觉。当然，这并不是对一些普遍理论的全盘否定，从这些理论中吸取一些适用于自己情况的知识也未尝不是一件好事。也就是说，**在学习他人经验的同时，要具备一定的判断力，分清哪些内容适合自己的孩子，哪些内容不适合。**

从生活中发掘孩子的优点

“彼得在他妈妈孕期未满时就出生了，是一个早产儿，他比别的孩子反应稍微慢一些，你对他一定要有耐心。”这是结婚后丈夫叮嘱我的话。当时，彼得刚上小学，做起事来比姐姐和妹妹都小心，无论做什么都不是很积极。

但是有一天，他忽然发起脾气来。这令我们十分惊讶，于是把他送到医院检查。医生的话听起来令人很沮丧，他说彼得小时候心理受过打击，导致精神上受到了创伤。

从那时开始，我为如何教育彼得感到非常苦恼。两个女儿已经在我的料想之中从细微的生活习惯上开始了一点一点地转变，而我们的生活也已经步入了正轨，但彼得却始终不能融入其中。因此，我开始怀疑是不是我的判断出了问题。

在长时间的苦闷之后，我开始不断地对彼得进行观察。但令我苦恼的是，一直没有找到解决问题的好办法。

直到有一天，发生在厨房中的一件小事改变了我对彼得的看法。当时我在厨房里整理餐具，彼得站在一旁认真地看着我。当我从橱柜的高层将餐具拿出来时，彼得突然问我："妈妈，为什么将重的碗放在那么高的地方呢？把轻的放在上面，把重的碗放在你伸手就能拿到的地方不是更好吗？"

怎么能说他是个先天不足的孩子呢？他的观察力不是很敏锐吗？

而就在那不久之后，我对彼得又有了新的发现。一次放学后，我看到孩子们在房间的地板上聚精会神地玩着什么游戏，我问他们在干什么时，他们回答说在玩一个彼得发明的游戏。

"彼得，你是怎么发明这个游戏的？"

"妈妈，我喜欢看科幻小说，前不久我读了一本科幻小说，我就是从小说中得到启发才发明了这个游戏。妈妈不和我们一起玩吗？"

丈夫经常为彼得沉浸于空想的科幻小说而感到担忧，但我却从中发现了彼得与众不同的一面，我觉得他看科幻小说并不是一件令人担忧的事情。在我看来，彼得不是那种脑子里充满各种奇怪想法的孩子，他是比同龄人更加喜好分明、更专注于一件事情。

于是，我将丈夫对彼得的担忧和我先入为主的看法统统抛弃。与同龄人相比，彼得具有敏锐的观察力，他还可以自己发明游戏。他并不是一个比别人发育慢的孩子，也不是一个心理受过打击而需要特殊照顾的孩子。

从那以后，只要是他按照自己想法所做的事，我都会给予表扬。另一方面，我也不再一味地将他锁在家里，只要有时间我就会带他出去，让他直接去听、去看、去做。

无论到哪里，我都会选择这样做，而且事实也证明了我的做法是正确的。这也是另辟蹊径、不拘泥于经验的结果。这样做使我了解了彼得喜欢做什么、善于做什么。

彼得在自然科学，尤其是数学方面有着很高的天分，而且随着时间的推移，他的这种天分越发明显。上高中时，他曾作为学校的代表在全美科学大会上获奖。可谁又会相信，10 年前，他还是一个被人认为先天不足、放学后需要补课、时刻处在父母保护中的孩子呢？

教育孩子的方法来自父母本身

我不喜欢弗洛伊德的学说。因为他的理论是将人类的每一种行为都进行仔细分析后得出来的，这会令人产生心理压力。特别是他关于孩子的理论，在他得出理论之前，他对孩子就已经有了一种先入为主的概念。

幼儿期孩子的每一种行为，都有他产生的内在原因。每当谈起孩子该怎么做、不该怎么做的话题时，很多家长都认为孩子的每一种行为都应该符合书本上的理论，否则就是错误的。

处于成长期的孩子，每天都有不同的变化，每种变化中都蕴藏着不同的特性。所以，我们所了解的育儿理论和原则只是在某种程度上适合大多数孩子，但对我的孩子却恰恰不适合。理论性教育方法的出现具有很大的意义。但如果盲目、僵化地去生搬硬套，就如同强迫孩子穿一件不合身的衣服一样，结果会令孩子很不舒服。

对于自己的孩子来说，要想找到一种最合适的教育方法，需要每天去观察孩子，长时间同孩子在一起，以便掌握他们的特点，然后据此创造出一套适合孩子的教育方法。因为只有母亲才真正了解孩子的特点是什么，在哪些方面有特长，在哪些方面存在不足，孩子最喜欢什么……

在我发现彼得的特点并加以训练之前，我一直对彼得有一种先入为主的看法，认为他是一个先天不足、反应迟缓、心理存在缺陷的孩子。当时，我对彼得的特点、才能简直一无所知。对自己的孩子一无所知的母亲根本不可能为孩子营造出一个能够尽情发挥才能的环境。

因此，我觉得有必要再强调一次：**教育、培养孩子的方法并不来自所谓的教育理论，而是来自父母本身。**只有父母最清楚孩子处在什么样的环境中、有什么困难、喜欢什么、讨厌什么，我们不该忽视自己的力量，更不该放弃自己的观点。如果盲目按照书本和电视中介绍的方法，或者从别人那里听来的方法教育自己的孩子，那么结果就像给干渴的孩子喂面包，而面包只能让孩子更加口渴。

我想奉劝那些年轻的父母们，与其探听别人的教育理论和原则，还不如先找到适合自己教育孩子的方法。在绞尽脑汁研究他人的理论之前，先仔细观察一下自己的孩子正在做什么，通过自己的双眼找到孩子的特点、才能以及喜好。

父母在看到自己孩子的瞬间，脑海中就应该立刻浮现出一种教育方法，而这种教育方法会比世上任何一种教育理论都更加适合自己的孩子。作为父母，如果没有意识到自己是教育专家，那么也就不会发现孩子身上所蕴藏的无限才能。

延伸阅读

孩子需要感受到真心的爱

在美国时，我读过一则颇令人感动的故事。

在瀑布城一个富裕而又很有名望的家庭里，有个智商只有70的儿子。这家的母亲拜托在同一个城市里经营饭店的一位朋友，让自己的儿子在他的饭店里打工，专门负责削土豆皮。饭店的主人说："像你们这样富裕而赫赫有名的家庭怎么能让儿子干这种活呢？"这位母亲说："我知道自己儿子的能力。我儿子在削土豆皮时会感到快乐幸福，因为这个工作符合他的能力。"

对大多数父母来说，接受孩子的缺点是痛苦的。因为这与父母的体面、欲望和期待不相符。东方国家的父母总喜欢拿自家孩子与别人家的相比，觉得自家孩子胜出才有面子。几乎所有的人已经习惯了这种竞争，非让自家的孩子考第一名不可。其实每个孩子都是不同的，每个孩子都有他值得骄傲的地方。

如果大人总想以某种标准来教育孩子的话，孩子和父母之间就会产生隔阂，而这只会让孩子感到不幸。父母不要把家里的老大和老二作比较，更不要把自家孩子和邻居家孩子作比较，这和我们不能强迫喜欢历史的孩子去当法官是一个道理。

孩子需要感受到真心的爱。每一个人的天赋都不一样，所以知觉、思维能力以及动手的能力都不一样。有的宝宝反应敏捷、表情丰富，而有的宝宝反应迟钝、表情僵硬。父母总想按自己的意愿来改变孩子，要不然就干脆放任不管，如果这样做，宝宝就无法茁壮成长。每个家庭都应该根据孩子的能力、情绪和态度寻找适合孩子的方法来爱孩子。

父母千万别以为可以按自己的想法来改变孩子，这是不可能的，应该找出适合孩子的教育方法。也许老大喜欢父母用胳肢或语言来表达关爱；而老二可能喜欢紧紧的拥抱或温柔的话语。我们喜欢用养育第 1 个孩子时学会的方法来教育第 2 个乃至第 3 个孩子，但养育每个孩子的方法不应该一模一样，应该用孩子能感受到爱的方式来养育孩子。

如今已经不是只要学习好就能成功的时代了，那些思维、判断力和行动力都与众不同的孩子才能取得最终的成功。

父母首先要成为孩子的良师益友

“良师益友”一词被广泛使用于各个领域中。例如，在宗教团体、社会团体以及国家单位中，许多人面临着这样那样的困难，而造成这些困难的原因正是因为没有一个好的“良师益友”。因此，现在社会各层的领导都需要好的“良师益友”来辅佐自己，这里所说的“良师益友”也就是值得信赖的顾问。

“良师益友”（mentor）一词来源于希腊神话中一位叫做门特（Mentor）的人。

> 公元前1200年，古希腊伊塞卡国王奥德修斯在出征特洛伊之前，将自己的独子托付给了他最信赖的朋友，那个朋友的名字就叫做门特。
>
> 奥德修斯在特洛伊战场上整整拼杀了10个年头，在这10年当中，门特是王子亲密无间的良师益友，既代替奥德修斯承担起了父亲的责任，同时他还是王子诉说衷肠的倾听者。战争结束后，当奥德修斯返回伊塞卡国时，王子已经在门特的悉心照料下成长为一名出类拔萃的年轻人。

这时“良师益友”（门特）已经成为智慧与信赖的象征，他意味着引导人生方向的指路人，也就是说，良师益友对于一个人的人生来说，就是值得信赖、追随和模仿的对象。

不要强迫孩子

每当听到良师益友这个词，我就会想起我的父亲。

记得上小学的时候，有一天，父亲将刚刚放学回来的我们召集到一起，说：“你们已经长大了，今后在外边会用到钱。我现在把钱放在这里，你们需要多少就拿多少。”接着，父亲把钱放到我们面前的篮子里，又把篮子放到了客厅一角的桌子上。

这对当时的我们来说，可是幼小心灵的一个不小的冲击。我们的心里一阵迷乱，将一捆钱放到我们触手可及的地方，我们应当怎样面对这个突如其来的好运呢？

从那时起，我们兄妹每次需要花钱的时候，就去篮子里拿。渐渐地，我们已经熟悉了这种生活——从现在开始，我们想要什么，都可以随心所欲地去买了。

但奇怪的是，每次看到想要的东西，到篮子拿钱准备去买的时候，那种购买欲望却不知不觉消失了。人们看到好东西的时候，自然而然会产生一种占有欲。但是真的下决心去得到它时，不知道什么原因，那股占有欲却又忽然变得微不足道了。

每当我心里产生这种变化的时候，就会想起父亲对待钱的态度。在我眼里，父亲不是那种吝惜钱的人。幼时的我们感觉父亲对钱总是一副不屑一顾的表情，似乎在说：“那不过是一张纸，不能让它成为生活的枷锁。”

不久后的一天，父亲问我：“炳惠，难道你不想买点什么吗？”如果在以前，我肯定会脱口而出要这要那。但是，那次我只是轻轻地摇了摇头。父亲没有说话，只是微微地笑了笑。

在成长的过程中，我从没有因为篮子里的钱而出过什么问题。既没有人要求，也没有人监视我们，但我们几个孩子都是需要多少拿多少，谁也没有更多的欲望。

就这样，我们学会了自制与自立。当开始了各自独立的生活后，我们清楚地知道自己需要什么，不需要什么。在经济上我们对自己负责，在其他方面我们也不依靠他人。

虽然父亲有过留学英国的经历，但是当时朝鲜半岛遭受日本帝国主义的侵略，辛苦学来的东西一点也派不上用场。回国后，父亲热衷于帮助抗日英雄，被列入日本警察的黑名单，失去了自由。即使在这种情况下，他也从来没有放下过手中的书，父亲总是说："不学习就赶不上祖国前进的步伐。"这就是父亲对我们采取的与众不同的教育方法，他从来没有强制要求他的子女去学习，但我们却经常能在他堆满书籍的书房里，看到他挑灯夜读的情景。

孩子在成长过程中将父母当作镜子

受父亲的影响，我在不满 20 岁的时候就独自来到太平洋彼岸的美国求学。父亲深深地了解：与其强迫性地教育孩子，不如以身作则。孩子们现在已经明白了父亲在篮子里放钱的良苦用心，明白了父亲孜孜不倦读书所起的表率作用。虽然父亲连一句强迫的话都没有说过，但正是在父亲这种潜移默化的影响中，我们已经不知不觉地形成了独立自主的意识。

宣布不要父母一分钱的我，在踏上美国土地的那一瞬间起，就意识到今后所有的事情都要靠自己的力量来完成了。

在美国的独立生活开始后不久，我很快就判断出自己需要什么，应该怎样做。我的坚强令许多人瞠目结舌。对于没有意志力的人来说这可能是一件很艰苦的事，但是对我来说却不存在任何障碍，这都得益于父亲早年对我的教育和培养。我经常在图书馆学习到凌晨，有时因为学习太辛苦也曾想过放弃，可每当想起父亲在深夜读书的样子，我就会立刻振作起来。父亲的教诲作为一种记忆一直伴随着我的留学生涯，我没辜负父亲的厚望，最终拿到了硕士学位。结婚后，养育孩子成为我人生中的又一个挑战。

在孩子面前我总是小心翼翼。我的一言一行，都可能影响到日后孩子们的所作所为，想起这些我甚至会惊出一身冷汗，因为作为母亲，我的压力相当大。但是，我也有机会得到回报，我就像一面明亮干净的镜子，照出孩子们的影像。而将懵懂的孩子培养成才，还有比这更美好的事情吗？

为此，我始终坚持两个原则。首先，无论在什么情况下，我都不强求孩子们做什么，而是力求成为他们的榜样；其次，在生活中，我竭尽全力做好每一件事。

就像我的父亲那样，除了要求孩子们遵守一些基本的生活规范外，我从未强制要求他们做任何事情。而且在生活中，我努力做好每一件事。我想只要让孩子们看到我努力的样子，他们就会变得勤奋。

在饱受艰辛的那段时光里，我也曾想过打退堂鼓，每当遇到这种情况的时候，孩子们天真无邪的笑容总能让我的心平静下来。那时，白天我是一名在学校教书的教授，晚上我是一个主妇和妈妈，而且还得写论文。我咬紧牙关，全力做好每一件事。因为过于辛苦，我的健康状况每况愈下，每年都要住院一两次。

在希望孩子们做什么之前，我总是自己先起到表率作用。我从未出去喝过酒，下班后马上回家做家务。就像当年父亲那样，我总是在书房里学习到很晚。绝不强制孩子们做事情，同时自己为未来的生活努力拼搏——这就是我教育孩子的基本原则。这两个原则对孩子的影响，也在他们的成长过程中，渐渐地体现了出来。

当我学习的时候，他们在我身边一起看书，并且打赌看谁读的书最多。很快，他们成了附近图书馆里有名的“书虫”。南希在我写论文的时候，将打字当作一种游戏，最后，我所有的讲义都是她打出来的。她跟我在一起的时间最长，所以她成为读书最多的一个孩子。

如今 3 个孩子都已经长大成人，每当他们回忆起幼年的时光，都会感觉当时学习对他们来说不是一种任务，更不是一种负担，而是和吃饭睡觉一样成为日常生活中的一部分。每到晚上，当他们看到妈妈默不作声地坐在书桌前看书时，他们也会很自觉地去学习。就像我在父亲的潜移默化中成长一样，他们也是在我的潜移默化中成长起来的。在孩子成长的过程中，父母就像一面镜子。

父母要先成为孩子的榜样

每个孩子都蕴藏着无限的才能，同样每位父母也都有自己的一套教育方法，而这种教育方法与父母受教育程度和经济条件没有任何关系。

我对我们现在的社会，以及今后孩子们生存的社会感到非常忧虑。我们在高喊榜样的重要性的同时，却意识不到父母才是孩子真正的榜样。

在孩子的心智成熟之前，孩子在学校的时间要远远多于在母亲身边的时间，而在没有给孩子展示正确的生活态度之前，怎么能强制要求他们成功并超越别人呢？许多母亲在教育孩子的时候没有信心，因为我们生活的时代和条件使母亲们感到不安。

无论是几千年前，现在，还是将来，教育孩子的方法其实就存在于父母的心中，这是一个不争的事实。孩子整天围绕在父母身边，第一个学习的榜样就是父母。就算是父亲早晨起床后看报纸的样子，也会在孩子的脑海里留下难以磨灭的痕迹。

当父母苦口婆心地给孩子讲述学习的重要性、解释是非曲直的时候，孩子能够理解并真正遵守吗？如果孩子能够接受，那真是一件很幸运的事，但对一个八九岁的孩子来说，是不太容易接受的。与其苦口婆心地说服孩子，不如妈妈先给孩子做一个表率，让孩子自己去体会妈妈的良苦用心。

作为母亲，不能只考虑孩子怎样做才能长大成才，还应该考虑自己如何做才能成为孩子的榜样。

延伸阅读

请记住，你是孩子的榜样

有一次，我2周岁半的女儿和她的姨妈一起玩过家家。女儿让姨妈当爸爸，自己当妈妈，女儿先把“爸爸”安排到床上睡觉，然后在地板上为熊猫宝宝铺好了褥子。“爸爸”对“妈妈”说：“你应该让宝宝睡在床上。”“妈妈”回答说：“不，爸爸睡在床上，宝宝睡在地板上。”

就这样，孩子的姨妈通过2岁半的孩子在游戏中的表现，非常清楚地了解到我们家日常生活中的片段。孩子在会说话之前已经能够学会周围人说话的态度、想法和习惯了。即使谁也没有告诉孩子，他也明白家里人是以人为中心，还是以钱财为中心。而且他还能明白家人之间是否互相尊重。

美国的心理学家班杜拉(Bandura)是以研究孩子通过观察和模仿能学到什么而出名的人。他用录像的方法仔细研究了幼儿园里的孩子。首先他让幼儿园的老师当着孩子的面用塑料锤子捶打玩具不倒翁。之后几天，几乎所有的孩子，不管是女孩还是男孩，都对那个不倒翁表现出攻击性，又是踢，又是打。录像画面上孩子的样子简直跟老师一模一样。

由此班杜拉得出的结论是：孩子可以从他们周围有影响力的人身上学到他们的行为方式。孩子的行为当中有2/3是通过观察学到的。

这里重要的不是 1/3 或 2/3 的问题，而是大人是孩子的榜样。“小孩子，能懂什么”“这么小的孩子学也学不到多少”，这种想法会使大人不注意自己的言谈举止，会对孩子产生巨大的影响。

有一个爸爸总爱说脏话。有一次他们家 2 岁的女儿看到饭桌上有一粒大豆，就说：“你这个坏女人！”然后把大豆捡起来吃了。通过这些例子，我们应该反省些什么？

我们经常能看到幼儿园的小孩子玩过家家。当“爸爸”的孩子装模作样地坐着看报纸，而当“妈妈”的女孩则走来走去，一会说饭好了，一会又说饭都凉了还不吃。孩子在出生以后会用他们好奇的眼光打量周围的一切。想到孩子会学习大人的文化观和价值观，父母是不是该注意一下自己的一言一行？

妈妈最大的幸福是孩子能快乐成长

南希作为年龄最小的考生考入耶鲁大学攻读法律，并最终成为一名国际律师。但是，现在她却要为了养育她的两个孩子而放弃正处于巅峰时期的事业。考虑她来之不易的学习和工作成绩，我劝她要慎重考虑一下。她微笑着回答说：“妈妈当年不也是这样吗？托妈妈的福，我健康成长起来，现在我有了孩子，我也要对他们负责，我绝不会为我的选择后悔。”

在韩国，女人真的是非常不容易。尽管现在女性的地位得到了显著提高，但是社会上对女性依然存在着比较大的偏见。

就说现在，重男轻女的思想依然存在于很多人的头脑中。几十年前，人们认为男孩接受教育比女孩更重要。在一个贫困的家庭中，女孩子往往为了哥哥或弟弟的成功甘于牺牲自己。

从这方面来说，我要比别人幸福多了。我家是一个世世代代吃国家俸禄的名门望族，家境富裕。我有一位品行端正、有着苍松一般品格的父亲，还有一位仁慈善良的母亲。在他们的精心照料下，我们见到的都是美好的事物，从不知道辛苦为何物。在这样一个富裕的家庭中，我比同龄的女性接受了更多的教育。另外，父母也从没有把我和哥哥区别对待，这也是令我感到很幸运的一点。

过完无忧无虑的童年，又结束了花季一般的高中时期，怀着满腔热血，我踏上了去美国的求学之路。在当时，一个女孩子只身前往异国他乡留学，还是一件很稀罕的事。周围有很多人问我，你完全可以在韩国上完大学，然后找一个好婆家，过着富足平安的生活，为什么偏偏要选择艰苦的留学生活呢？我总是这样回答他们："我出国留学是为了接触更先进的文明，将来为祖国的发展做贡献。"

我这样回答并不是为了好听。我当时真的想要提高自己的水平，为祖国做贡献。我不惜忍饥挨饿、背井离乡，前往遥远的美国，就是凭着一腔要为处在日本军国主义铁蹄下的祖国贡献力量的热血。

父亲常常对我说："要把自己当成一个男孩子……"我始终将父亲的话铭刻在心，作为一名只身在外的女孩子，我确实有很多不便之处，这就要求我比别人付出更多的努力、承受更大的艰辛。最终，我成为一名大学教授。作为学者的我获得了巨大的成功，也就是说我可以被称为"成功女性"了。

好妈妈应该工作与家庭两头燃烧

就在那时我遇到了3个孩子。每次跟他们说再见的时候，他们总是紧紧地抓住我的裙摆不让我走。在和我的丈夫从相遇到结婚的过程中，这3个孩子对我产生了很大的影响。如果我舍下这3个孩子而去，那么我的心中永远会有一块放不下的石头。因此，最终我放弃了蒸蒸日上的事业，选择了孩子。

但是一结婚，我就陷入了艰辛的现实生活当中。以前，我只需要照顾好自己就可以了，但是现在，我要对丈夫和3个孩子负责。比起思想上的困难，随之而来的经济上的窘迫成为更大的问题。要解决5个人的生活问题，我们一下就捉襟见肘了。

当时丈夫刚刚成为一所大学的教授，拿到的薪水并不是很多。在美国，大学教授虽然很体面，却不是一个高薪的职位。虽然我和丈夫都有工作，但是除了供孩子吃穿、教育用之外，还要维持日常生活，经济上总是入不敷出。

结婚的第一个月，我用计算器算了一下，全家每天的生活费平均只有 5 美元。如果不想透支的话，我们每天只能吃 5 美元的食物。这种状况无论如何也无法让我笑出来。当时真的是一切都只是为了填饱肚子，不过，既然自己选择了这条路，我就要坚持走下去，绝不退缩。

就是在那时，我养成了勤俭节约的习惯，连一粒米都不浪费。生活中，我也变成了一个家庭主妇。在学校里，我是一名颇具名望的教授，在家里我则成为把一分钱掰成两半花的主妇。一件衣服一直穿到磨出洞来，然后补一补再接着穿。即使这样我仍在整天琢磨怎样才能节约钱，我买来一台缝纫机，孩子们的衣服都是我亲手裁剪、缝制。我在读女子高中时学的缝纫技术此时也派上了用场。

结婚后，我变成了一个勤俭持家的主妇。因为孩子，我的思想也发生了变化。看着这 3 个总是用期待的目光注视着我的孩子，我的一言一行也变得慎重起来。以我自己为主的生活现在变成了以孩子为主的生活。

对孩子来说，母亲的呵护和关心比什么都重要，尤其是对 3 个很早就失去了亲生母亲的孩子来说，这一点尤为重要。

于是，我尽自己的所能给孩子们更多的母爱。无论再怎么忙，我每天都要拥抱他们。我总是询问他们在学校过得如何、身体有没有不舒服……在饮食方面，我会去市场买最新鲜的菜、蛋、肉做给孩子们吃，而我自己则经常吃便于烹调的冷冻食品。为了掌握孩子们的健康状况，每天我都检查他们上厕所的情况，如果看到谁的脸色不好，我甚至会亲自查看他们的大小便。

当孩子们做出值得表扬的事情时，哪怕口袋里只有 1 元钱，我也会给他们买好吃的食品或者带他们去看电影，以此作为奖励。

我陪孩子们聊天，照顾他们睡觉，和他们一起做家务，关心他们的健康，批评他们的错误，表扬他们的优点……直到这时，我才学会了作为一个母亲的全部内容，我的生活也为此发生了180度的大转折。在向母亲这一角色转变的过程中，一直梦想着事业成功的我，不再为自己活着，而是将全部都给了孩子。

如果我取得了成功，那是因为我有一位天使般的母亲

爱丽丝和彼得先后考上了哈佛大学，相继离开了家。不久后，南希考上了耶鲁大学，也离开了家。3个孩子走后，我的生活也失去了往日的乐趣。

忽然，我心里出现了一个可怕的念头。为了孩子我作出了巨大的牺牲，可最后却什么也没有得到。坐在汽车的驾驶座上，向后视镜望去，以前总能看到孩子们在后座上嬉笑打闹的样子，现在，那里却空荡荡的，有多少次，我的眼泪如断了线的珍珠滚落下来……

有一天，我接到了南希打来的电话。她兴奋地说："妈妈！妈妈！你还记得在我离开家的时候你送我的那台缝纫机吗？你肯定想不到它有多好用！在学校，除了我，没人有这个。现在想穿什么衣服我就自己动手做。每次看到这台缝纫机我就想起你。妈妈，真的谢谢你。"

在3个孩子离开家的时候，我送给他们每人一台缝纫机，留待他们结婚以后使用。我想让他们记住他们小时候，我是如何勤俭持家的，让他们学会过俭朴的生活，珍惜眼前拥有的一切。现在，孩子们学会了感谢，这让我感到由衷的欣慰。

通话结束后，我透过窗户望着蓝蓝的天空。从第一次见到孩子，到他们从我怀中渐渐长大，走上各自的道路，孩子们的身影再一次浮现在我的脑海中。爱撒娇的小女儿南希，第一次见到妈妈时还心存戒备；大女儿爱丽丝给我起了个"婆婆"的外号；彼得总是装作大人的样子安慰妈妈……和孩子们在一起度过的岁月里，我因为委屈而偷偷哭过，因为幸福而开怀笑过，也因为没有履行好妈妈的职责而痛苦过……

在充满酸甜苦辣的岁月里，孩子们都不知不觉地长大成人了。我又忽然觉得为孩子所付出的努力比任何事情都有价值。

无论是谁，都有自己的梦想。我从未放弃过对梦想的追求。但是，不知那些追求着爱情、幸福和成功的人们，会不会因为孩子而放弃心中的梦想呢？

近几年来，韩国的人口出生率有了明显的下降。在我们身边有很多不想生孩子的年轻夫妇。他们一致认为，在孩子降生的那一刻，生活就失去了乐趣。想到作为父母要为孩子放弃很多东西，他们认为生孩子是享受人生的一个障碍。

然而，他们也无法体会到，为孩子做出的牺牲，能够使生命得到延续，在这种延续中隐藏着无限的幸福。

2004 年我去美国的时候，好久没有见面的外孙说要送给我一件礼物，说完后他递给了我一个松球，并笑着说："外婆，用这个可以止痒。"我显得有些诧异。南希笑着解释说："有一天散步的时候，孩子捡到了一个松球并收藏起来。我问他捡这个有什么用，他说外婆痒的时候，用这个止痒会很方便。"

我很理解孩子的想法。他曾见过我被蚊子叮咬后奇痒难耐的样子，于是他便以为外婆的身体总是会痒，所以在他看到松球的那一瞬间，他就想到了用这个给外婆止痒正合适，就这样他一直珍藏着那个松球，直到把它交给我。

握着外孙送给我的松球，我心中有说不出的感动，眼泪几乎夺眶而出。在别人看来，这只不过是一个普通的松球，但这个松球却是我收到的礼物中最珍贵的一个。在那一瞬间，我感受到了世界上任何东西都无法替代的幸福。

如果当年我没有为孩子们做出牺牲，那么今天我就不会得到如此珍贵的礼物。我传递给孩子们的优良传统，他们传给了他们的子女，现在我又从他们的子女那里得到了回报。经常有人问我生活的意义是什么，我总是这样回答他们：

与其不断地去追求幸福、爱情和成功，不如去追求你存在的意义。当你处于弥留之际，如果你可以自豪地说我的存在对某人有意义，那就说明你度过了成功的一生。

从此种意义上来讲，我找到了我的人生意义。我不会为成为一个母亲而感到后悔，而且由于我的付出，我的孩子现在都成了优秀的人才。在他们成为父母后，他们又把这种传统传承了下去。

当然，付出并不是生活的全部。每当我遇到困难的时候，孩子们都是我重新振奋起来的动力，无论前面有多少艰难险阻我都可以越过去。作为一名女性，只有成为妈妈，人生才能够圆满。

如果可能的话，我真想对地球上所有的妈妈说，如果真心爱你的孩子，真心希望孩子茁壮成长，那么就不要为成为妈妈而感到矛盾和苦恼。请你愉快地接受“妈妈”这个神圣的称谓吧，母亲的生活并不是充满了委屈、没有任何意义的……

我想问那些主张脱离子女的羁绊、强调享受人生的女权主义者们：

一个女人生孩子、教育孩子就一定意味着苦恼、艰辛和牺牲吗？难道只有事业上的成功和名誉才能体现一个人的真正价值吗？

如果没有孩子，也许我会在事业上取得更大的成功，但我绝不后悔我过去的生活。因为，我认为做母亲是世界上最伟大的事情。如果我能选择的话，我会毫不犹豫地选择再做一次母亲。

“如果我取得了成功，那是因为我有一位天使般的母亲。”这是美国第16任总统亚伯拉罕·林肯说过的话。

作为母亲，注定将十分辛苦和艰难，需要做出巨大的牺牲。但是，看着孩子从自己那里汲取养分，一步一步长大成人、走向成功，也会给母亲带来无尽的幸福。女人会因为做母亲的经历而更加成熟，也可以从中获得无法估量的人生意义。

回归基础素质教育

每个母亲都希望自己的孩子聪明伶俐、活泼开朗，将来能够自由地实现自己的梦想。但令人遗憾的是，韩国的教育无法满足母亲们的愿望。

我认识一位母亲，在孩子上小学后，她每天都叫嚷着说无法在韩国生活了，她说如果有一天攒够了钱，她要带着孩子移民海外。

在教育孩子的问题上，不辞辛劳的母亲们最向往的国家就是美国。我在美国生活了50多年，非常理解这些母亲的想法。美国式的教育高瞻远瞩，教育工作者时刻都在研究，怎样才能帮助孩子更好地成长，怎样才能激发孩子的潜能……

美国在成为教育发达国家的过程中，曾经有过这样一段时间：20世纪70年代，在全美范围内掀起了一场名为法治国家“回归基础”（Back to the Basic）的运动。这场运动的起因，正是源于美国标榜的“自由”。

提起美国，我们首先会想到什么呢？第一次来到美国的人，印象最深刻的恐怕就是衣着暴露、在市中心闲庭信步的女人。在这里我们可以目睹美国人是如何享受个人自由的，他们近乎放纵的自由，让我们看了都觉得不好意思。

但我们所看到的只是片面的一部分，虽然美国人的文化和我们存在着巨大的差异，但是，这并不是他们的全部。

在步入近代社会之前，美国可以被称作自由至上的国家。美国人绝不允许有任何东西干涉私人生活，他们尽情地享受着这份自由。但是，就如同一汪积水一样，随着时间的推移，美国的自由主义开始发生了质变。

当时正值越南战争时期，美国政府的背信弃义重新引发了人与人之间的戒备与怀疑，并且逐渐转变成放纵与堕落。此前支撑着社会的自由平等思想，也远离了正轨。街上出现了许多不务正业的嬉皮士，甚至还有很多人公然在街上吸食大麻。

这就引发了一个更严重的问题——孩子们也纷纷走上了街头。随着时间的推移，走上街头的人年龄越来越小，最后连小学生也开始在黑夜的大街上徘徊。孩子们分不清自由与放纵、自立与出轨的界限。

走上街头的孩子们说，枯燥的学校学不到任何东西，他们想要过更加有创造性的自由生活。在脱缰野马似的孩子们面前，公共教育显得那样苍白无力。孩子的父母也不能给价值观混乱的孩子指引正确的方向。

即便这样，美国政府依然没有采取任何措施，只是在等待中期盼事态会自然出现好转。一直标榜“自由与梦想”的美国，还想为自己的口号留下最后一点尊严。

但是，事态进一步恶化，青少年犯罪成为严重的社会问题。甚至有人说，连夜晚走在纽约的大街上，都有丢掉性命的危险。

事态已经快发展到不可挽回的地步，政府终于站出来，开始收拾残局。因为孩子们的成长关系到美国未来的根基，于是政府喊出口号要挽回局面。因此，“回归基础”成为美国 21 世纪教育的雏形。

美国的开放式教育和你想的不一样

面对混乱不堪的教育局面，美国政府首先宣布恢复正常的公共教育。以前，很多专家只注重对孩子自律性和创造性的培养；现在，他们也开始意识到基础素质教育的重要性，因为只要打牢基础，一切才有可能。

美国政府首先采取强制措施要求孩子学习基本课程。如果不去学校上课，即使考试成绩再好也不能升级；如果哪个学生出勤率太低，学校有权不经该学生父母同意而将其强制转到特殊学校。

政府的政策很快取得了效果。父母们也认同政府的做法，因为他们也意识到只有打好基础之后，才可能谈自由、自立和创造性的问题。就这样，经过 30 多年的发展，美国的教育才发展到了今天的地步。哈佛大学和耶鲁大学图书馆的灯总是彻夜通明。学生们不分昼夜自觉地学习，只有周末的时候才会放松一下紧张的大脑。但并没有人要求学生们必须这样做，在这里每个学生都在享受着学校所给予的自由。他们感受着学习所带来的充实，尽情享受着蕴藏在基础教育之上的自由。

通过报纸杂志的介绍，人们似乎可以感觉到美国的教育是相当自由的：上课就像讨论会、学习如同做游戏、学生穿着奇装异服……但实际上，这些只不过是表面现象而已。

纽约视觉艺术学院是美国最著名的私立美术院校，但在这里我们却感受不到想象中那种激发人创造力的自由授课气氛，更多的是对学生基础素质的严格训练。

纽约视觉艺术学院的学生每天早晨 7 点必须到校，上 1 个小时左右的自习后，从 8 点开始听课。这里的授课方式非常严格，在一天之中，学生们除了短暂的休息之外，几乎大部分时间都在站着画画。学院就是想通过这样的学习，让大家自己体验一下画家的生活和今后所要面对的激烈竞争。

晚上 9 点结束了一天的课程后，学院还会从其他著名大学邀请知名教授来给学生们讲课。这一切都结束后，已是深夜 11 点多了，因为错过了末班公共汽车的时间，住在外地的学生便无法回家。于是，他们便留在学院里继续学习，然后在学校的宿舍里短短地睡上几个小时，准备第二天上课。学院里负责辅导学生的画家说：

> 仅凭自学是打不好基础的，基础不牢就谈不上今后的成功。严格的授课方式是为激发孩子的创造力打好基础，我们对这一点深信不疑，这也是付出巨大代价后换来的教训。

从他们的话语中，我们可以认识到美国教育的两面性。美国人尊重能体现孩子个人能力的自由和创造力，但同时也为孩子们打好了坚实的基础，这正是他们的教育哲学。

我们常常想，像美国家庭那样给予孩子更多的自由岂不是更好？但实际上，美国中产阶级的家庭对孩子的管制近乎保守。父母对孩子的生活习惯、人际交往、学习态度等事无巨细都要过问。他们这么做正是为了给孩子打好学习的基础，而且，这种美国的家庭教育文化已经存在了很长时间。

基础不扎实，何谈创新力

现在韩国的妈妈们大部分是被所谓传统教育所束缚的一代。其中有很多人被埋没了才能，没有实现自己的梦想。于是她们认为，孩子绝对不能重蹈自己的覆辙，如果孩子想做什么就任由他们自由地去做。

因此，她们一边致力于孩子的早期教育，一边又要给孩子们充分的自由。为了教育孩子，这些妈妈们真是煞费苦心，因为她们不想孩子像自己一样成为传统教育的牺牲品。

很多妈妈抱怨说：“我小时候，一天到晚都坐在书桌前埋头背书，学习枯燥得要死。真不明白老师为什么要逼我们学那些无聊的功课。”

最近，韩国有很多学校已经采用了能够激发创造力的新教学方法，这正顺应了母亲们的想法。从传统教育中脱离出来，实现真正的人性化教育，对孩子的成长是一件好事。

现在有些母亲因为对过去的传统教育存有太大的抵触，从而忽视了基础教育的重要性。当年的美国教育正是因为在没有打好基础的情况下一味强调创造力，实行开放式教育，结果导致现实与理想背道而驰。

我也和那些女性一样，接受过传统教育。在留学美国之前，我也是整日伏在桌上，做着漫长而又令人厌烦的朗读、背诵、写作。但是这种教育方式真的一无是处吗？我觉得正是这样的传统教育，令我打好了坚实的基础，使我无论在什么样的环境中，都能够坚持下来，自己把握生活。

现在的母亲不假思索地全盘否定了反复背诵、重复练习的作用，却没有认真想过这种教育方法是否存在可以改进的地方。在这种教育方式中，孩子们真的学不到东西吗？应当如何给孩子打好基础呢？

在我们一边高喊自律、激发创造力、进行感性教育、废除校服制度的同时，美国的名牌大学又开始纷纷让学生穿上了统一的校服。他们认为男女同校制度也存在很大问题，以纽约的学校为中心，许多学校开始实行男女学生分开教育。小学和初、高中课程内容繁多，甚至不亚于大学的课程内容。美国人现在更重视通过艰苦的训练来让孩子打下坚实的基础。

有趣的是，我们的邻国日本也经历着和美国相同的遭遇。过去，日本将美国文化一股脑地全盘吸收，结果在教育方面也陷入了困境。孩子们陶醉于颓废的流行音乐之中，街头到处都是穿着奇装异服、头发五颜六色的青少年。现在日本已经认识到了自己的问题。日本人将美国的教育当作一面镜子，建立起自己的新教育制度，在重视创造力和自立的同时更强调打好坚实的基础。

每当我看到韩国的妈妈们时，总是很担心。我希望她们不要只看到硬币的正面却忽视了背面，不要总是追随别人的步伐走路。

现在，韩国的孩子处于一种什么样的状态呢？他们无视学习，甘愿到街上去当暴走族，书包里装的不是课本，而是香烟和化妆品，而这还只是冰山一角。现在的孩子不肯吃苦，稍微辛苦一点他们就会大发雷霆，遇到困难就选择逃避。越来越多的孩子空有理想却很少付诸实践，有的孩子甚至连理想都没有。

为孩子开垦出一片可以施展才华的土地

忘记了是什么时候，曾经有一位母亲问过我关于美国创造力教育的问题。她是这样问的：

> 创造力教育是非常必要的。孩子待在家里能够真正静下心来背诵和写作吗？他们坐在书桌前注意力能集中几分钟呢？

我做事情的时候，总是首先理清做事的顺序，按照重要且紧急、重要但不紧急、既不重要又不紧急的顺序将应该处理的事情进行分类，然后再按照轻重缓急去处理。这样一来，无论遇到什么事情，我都会用最短的时间进行有效的处理。我之所以能够在母亲、学者、主妇等不同的身份变换中游刃有余，就是因为掌握了这个要领。

教育孩子也是同样的道理。母亲的责任就是要分清对孩子来说什么事情是既重要又紧急的。虽然帮助孩子制订学习计划、教他们各种本领（当然也包括激发创造力和 EQ）是相当重要的事，但这并不是最紧急的事。对孩子来说，最重要且最紧急的事情是学好基础知识，如果没有打好基础，其他的教育很可能会起到反作用。

其实，这和种地有异曲同工之妙。想要种子茁壮成长，选择优良的品种及使用优质的肥料是非常重要的，但如果不先把土地开垦好，那么恐怕再好的种子、再优质的肥料也不会结出丰硕的果实吧。总之，不管做什么事情，最关键的就是打好基础。

我相信，爱丽丝、彼得和南希之所以能够发挥自己的才能，实现自己的梦想，是因为我帮他们开垦出了一块可以施展才华的土地。

我的孩子们从来没有接受过特别教育。他们只是坐在椅子上认真学习，自己去完成功课，遇到问题时，也会绞尽脑汁去寻找答案。我想，正是这些最基础的素质教育，帮助他们在日后取得了傲人的成绩。

我想对那些急于让孩子发挥创造力、实现自由梦想的母亲说一句话：“先打好基础，再谈其他！”

没有牢固基础，我们就无法从孩子那里得到任何希望。这就如同我们无法期待荒芜的土地上长出绿油油的庄稼一样。

不设限，孩子比你想的更优秀

不久前，我接到一个从日本打来的电话。

“老师，你还记得我吗？我是你在日本时所教的学生 ××× 的妈妈，你还记得我的孩子吗？”

我努力在记忆中搜索着，很快，一张清晰的脸浮现在了我的脑海中。

在日本生活期间，曾经有人委托我负责一所学校的管理事务。由于已经从教育一线退下来很久，所以我决定先考察一下再做决定。不过很快，这所学校就引起了我的兴趣，因为这里的学生非常特殊，他们不是经受过高考落榜的打击，就是由于种种原因而没有进入正规学校。他们在这所学校里做留学的前期准备，他们都准备去美国留学。这一次，已经年过半百的我再次站到了教育的第一线，我非常重视和珍惜这份工作，因为它可以给经受过失败的孩子们重新来过的机会。

但是，事情并不是想象中那样简单。这些孩子为了考上大学，被迫学习他们不喜欢的东西，费尽心思但最后还是不得不接受失败的结果，他们不知今后何去何从，心中充满沮丧和迷惘。照料这样的孩子真不是一件容易的事啊。

在枯燥的学校里，孩子们像鹦鹉学舌一样接受着教育，已经筋疲力尽的孩子们早就丢掉了他们的梦想。失败的经历使他们心中羞愧不安，而且对周围的人充满了戒备，他们默默忍受着失败带来的心灵创伤。

> 有一个报考一流大学却落榜的孩子，内心的压抑和心灵的创伤使他关闭了心灵之门。而且，因为父母离异，他甚至找不到可以倾诉衷肠的对象。但是，我看得出，这个孩子身上还有重新振作的希望。于是我抛开师生的身份，开始像对待自己的孩子一样和他谈心。他渐渐地敞开了心扉、恢复了自信、找回了梦想，重整旗鼓投入热火朝天的学习中，最后，他终于踏上了赴美留学的道路。

这已经是十几年前的事了，真不知道这位母亲从哪里得到了我的电话。她告诉我现在孩子已经结束了在美国的学业，并且回到了日本。在日本泡沫经济大崩溃的恶劣条件下，他被一家外国著名银行录用，可以说有个不错的前途。他的母亲表示这都是我当年耐心教导的结果，并再三向我表示感谢。

作为一名教育工作者，在这一瞬间我感到无比自豪。但在欣慰之余，我又为那些没能重新振奋起来的孩子们感到惋惜。有的孩子克服了社会上的众多偏见，实现了再次飞跃的梦想。但是，还有很多孩子将自己封闭起来，与教育制度的格格不入以及由此带来的挫折使他们过早地放弃了自己的梦想。

抹杀个性的教育会毁了孩子的一生

第二次世界大战战败后，日本发生了翻天覆地的变化。皇国臣民的自豪感在这片土地上荡然无存，全体国民陷入了绝望之中。而最令他们绝望的是，曾经被自己奉为神的天皇居然向美国屈膝投降了。

战败后，日本天皇制度的名存实亡使日本人迷失了方向，天皇宣布放弃“神权”给日本人的心灵带来了巨大的冲击。失去了尊奉的神，日本国民丧失了生活下去的意志，也失去了重新打开局面的力量。在这种绝望中，最大的受害者就是正在成长的孩子们。失去了主见和信心的父母，怎么能教育孩子呢？战后的日本家庭教育步入了没落。

“教育基本法”就是在这个时候诞生的。日本政府认为国家的富强需要大批优秀的人才，于是他们开始实施培养一流人才的教育计划，所有教育问题的焦点都集中到了名牌大学的入学问题上。

父母们对此没有任何异议，他们认为按照政府的教育方针去做是国民应尽的义务。按照政府的政策，学校和家长把学习成绩作为衡量孩子优秀与否的唯一标准，应试教育成为日本教育的主体。老师和家长告诉孩子们：进入名牌大学才是学习的最高目标，如果不能考取一流大学，将来就没有任何出路。

在没有主见的父母的教育下，大部分孩子成为跟不上社会发展需要的落伍者。而实际上，当时日本社会需要的一流人才只是少数，需要的是大量具有一定专业知识的中、低级技能的人才。可是教育却使所有学生的目标都指向了一流大学，一旦没能考取一流大学，很多学生一下子就迷失了方向，找不到自己的位置，甚至沦落为社会的废人。他们没有任何成就感，终日过着麻木的生活。

但是更加可怕的是，这种情况还在延续着。在没有任何个性、千篇一律的应试教育中成长起来的人，无法引导自己的孩子走上正确的道路，他们把曾经束缚自己的应试教育再强加在孩子身上，从而陷入了无休止的恶性循环之中。孩子们不断重复着父母的错误，却从未去思考自己为什么没有幸福的生活；他们只会感叹自己被社会抛弃，却不去考虑问题究竟出在哪里；他们只认为这一切都是因为没有考上名牌大学，却没有发现更深层次的问题。

世代重复着错误的教育，日本的孩子最终会成为什么样子呢？

我在日本的时候，日本正在奉行学历主义。孩子们为了将来进入一流公司、有个好前途，不惜一切代价也要考取一流大学。他们学会了“一切为自己”的谋生信念，为了能走在别人前面而不择手段。在学校，学生团伙之间互相争斗、教师之间的争斗屡见不鲜，人与人之间失去了最基本的信任。

我所接触到的日本孩子大多都没有属于自己的理想。没有主见的父母对孩子放任自流，使孩子们小小年纪就饱尝了绝望的滋味。他们厌恶学习，想逃离父母，想逃离压抑他们的这块土地。每当听到孩子说起这些，我就不知道有多痛心。

如今，日本的一些孩子已经认识到自己是这个社会和父母的牺牲品。社会只不过把正在成长的孩子当作一部机器中的零件；而父母们从来也没有为孩子的未来认真思考过。孩子们要么按照指定的路去走，要么就成为不合格产品，被打上淘汰品的烙印。

这可以被称作正确的教育吗？这种抹杀个性、生搬硬套的教育，会塑造出怎样的下一代呢？

千万不要让孩子染上“一流病”

乔治·奥威尔在小说《一九八四》中这样描写道：一切都要按照政府的规定去做，绝对不允许有个人的思想，因为这会妨碍统一规划的社会；因此，可以唤起个人思想的读书、写日记等学习行为被彻底禁止。

1984 年已经过去，乔治·奥威尔小说中所描述的那种集权社会并未降临到我们身边，我们可以松一口气了。但是看看我们现在的教育状况，真的让人很担心将来的某一天我们会生活在那个令人恐怖的社会中。

如今，年迈的我依然坚持每天读报纸和看电视，每当在报纸或电视中看到韩国父母和他们孩子的生活状况时，我的心里总会泛起一阵凉意，这跟我以前在日本目睹的父母和孩子的情形实在太相似了。不久前，我听朋友讲了一个故事：

一个从小就很聪明伶俐的孩子因为拗不过父母，被迫进了一所所谓的一流医科大学。然而这个孩子十分厌恶这种用刀割开皮肉，再用针缝上的令人毛骨悚然的工作，但另一方面他又不能违背父母的心愿。父母最大的心愿就是希望他从名牌医科大学毕业后，成为一名职业医生。

在这种强逼之下，孩子好不容易完成了学业，这似乎算是终于完成父母的心愿并能成为一名“有好出路”的职业医生了。但是，他最终没能忍受父母选择的这条不适合自己的道路，脱去了医生制服，改行从事其他职业。学医耗费了他10年的青春时光，但是抛弃那些自己不喜欢的医学知识时他没有丝毫的眷恋，他说那10年简直就像生活在地狱。

不知道这算不算是一个极端的例子。坦白地说，我觉得韩国所有的父母都怀有这样的心情，只要能把孩子送到一流的大学，即使倾家荡产也在所不惜。因此，每次国家对大学入学考试制度进行调整时，总会引起这些父母的强烈不满。因为他们不得不东奔西走、想方设法地去突破新制度的缺口。但是，他们从不考虑这样做会给孩子造成多大的压力？对孩子来说这是不是真正幸福的人生？

实际上，对考试制度调整异常敏感的人不仅有高考考生的父母，就连幼儿园孩子的父母也会为此紧张。政府正在讨论“英才教育法”的消息一经传出，孩子们的父母就像热锅上的蚂蚁一样开始行动起来，好像新的教育法马上就要颁布实施一样。

被夸大其词的舆论迷惑的年轻妈妈们立刻将孩子送到各种英才教育学校。随之而来的英语、计算机、才艺等名目繁多的培训班的广告，如雨后春笋般出现在大街小巷。

结果怎么样呢？由于不堪考试的重压，自杀、放任自流的青少年数量与日俱增，因为怕影响太大，现在连新闻都在限制刊登这类消息了。虽然我没有详细的资料，但是，各大医院精神科病房的学生患者数量在不断增加，就足以证明问题的严重性了。

婴幼儿的状况更加严重。在小儿精神科，即使预约，也要排上 6 个多月才能看上病。同时还出现了很多新的精神类疾病，事态已经发展到了令人难以置信的地步。

鼓励孩子独立探索，自己思考

在认识到教育存在的问题后，日本人开始谋求教育上的改革。他们将统一僵化的教育改为培养学生才能的教育。为了使学校的教育更人性化，他们将教学的内容大大专业化。另外，学生可以根据自己的喜好选择学习内容的培训学校也渐渐多了起来。

在韩国，社会各界也开始声讨教育方式中存在的问题，大家纷纷要求学校改革目前落后的教育方式。

但是，这些小变化并不能从根本上撼动韩国的教育制度以及其中存在的问题。单凭《教育法》的几次修改并不能彻底改正几十年来形成的恶习。我认为，改变教育现状应当循序渐进，通过多方面的改革来彻底解决问题。

为了改变韩国落后的教育状况，请妈妈们先从自我做起吧！我并不清楚教育问题什么时候才能真正得到解决，但我却非常清楚地知道我们不能原地不动地等待，不能别人说什么我们就跟着说什么，而要用自己的头脑思考，去寻找真正对孩子有好处的教育方式。日本教育走了很长一段弯路，就是因为本该成为教育核心的父母，没有找到自己的位置。

为了孩子的前途，父母首先应当了解孩子希望做什么。我们经常会询问孩子：“你想做什么？”其实，我们并不是为了得到答案而去寻找答案，而是通过提问给孩子制造一个思考的机会，让他们通过思考领悟自己究竟想做什么。

大概所有的妈妈都有些低估自己的孩子。妈妈总觉得孩子一点社会经验都没有，只不过是个年龄尚幼的孩童，还需要妈妈的呵护。假如你是一位妈妈，请千万不要这么想，其实，孩子要比妈妈想象中聪明得多。只是因为妈妈不相信孩子，才将孩子培养成了“妈妈的心肝宝贝”。

我很注重培养孩子们的自立意识和独立精神，每当他们放假的时候，我都会把他们赶到外面去。要么去工厂里打工，要么去远足，总之不能待在家里。我对他们只有一点要求：“通过观察和尝试获得经验，然后再用心去体会你所收获的一切。”通过这样做，让孩子能更好地认识自己，培养自己的兴趣。在开放的空间里通过尝试和感觉，孩子们会发现自己善于做什么、喜欢做什么。

爱丽丝通过这一过程，发现自己在辩论和与他人打交道方面有特长，因此她考取了法学院，走上了律师的道路；彼得沉醉于操作和发明机器，因此他专攻物理；南希对事情的判断很敏锐，在她 16 岁时，就宣布要成为一名律师。孩子们经过不断地探索与磨炼，最终找到了适合自己的道路。

当然，孩子们在探索、磨炼的过程中难免会做错事情，或者像我所担心的那样，做出错误的判断。但这又有什么关系呢？当他们认识到自己的错误后，他们会做得更好。如果什么事情都不叫孩子去体验，只让他们一味啃书本，当孩子长大成人后再说“这个不对”，孩子的思想、行为已经定型，那么还有多少改变的余地？

我认为最好从小就开始培养孩子寻找自己的方向。这样，孩子可以有更多的机会进行选择。与其盲目地追随潮流，费尽心思去琢磨不断变化的教育制度，倒不如把精力集中到孩子身上。如果妈妈总是跟着潮流摇摆不定，那么孩子也会跟着摇摆不定。

在孩子很小的时候，我们就应该为孩子找到一种适合的教育方式，这种教育方式不一定是最流行的，但它一定是最适合自己孩子的。作为妈妈一定要有这个勇气和能力，这样才不失为一位英明的妈妈。

第 2 章

给孩子独立空间

逛超市时，我经常问孩子们："一大盒牛奶和两小盒牛奶相比，哪个量更多？"去市场时，我总是要求孩子们把商品拿起来观察，一起探讨是怎么生产出来，含有什么成分。

如果这些问题当时没有得出结论，孩子们也会自发主动地去寻找资料，自己找答案。这些交流在妈妈看来也许是学习，而对孩子来说则是一场游戏。在这样的气氛下，生活是最好的教学场所。

幸福的家是五星级宾馆

不久前，我去美国看望孩子们，见到他们的时候我问道 ：“你们还记得第一次和妈妈在一起时的情形吗？”

我突然的发问，令爱丽丝、彼得和南希都吃了一惊，他们央求我不要再提那些令人尴尬的事情了。

“外婆，我的爸爸妈妈做什么了？”外孙们调皮地眨着眼睛问我。

“你妈妈是个听话的好孩子，舅舅和阿姨不知道过得有多么幸福呢！”南希打着圆场，同时向我眨了眨眼睛说 ：“妈妈，我说得对吗？”于是，我又把到嘴边的话咽了回去。

外孙们依然不依不饶地缠着我问个不休，拗不过他们，我只能说 ：“去问你们的爸爸妈妈吧！”

尽管我一直把那天发生的事情当作笑话来讲，但我的孩子们却总是感到尴尬。其中当然是有理由的。

坦白地讲，在我们刚刚生活到一起的时候，爱丽丝、彼得和南希可不是现在这个样子。

和孩子们在一起的第一天，快到吃饭的时候，我让孩子们把碗碟放到饭桌上去。但是过了一会，不知道从哪传来碟子摔碎的声音。我匆忙跑出去一看，爱丽丝和彼得正在把碗碟往桌子上扔。

几天后，孩子们做完功课，我让他们到客厅来玩。孩子们把自己的玩具都搬到了客厅。不一会，客厅变得像一个大垃圾场。到了该休息时候，我让他们把客厅收拾好，但是，他们把客厅弄得乱七八糟后就都跑到二楼去了。过了一会，二楼传来了“砰、砰”的声音，我上去一看，3 个孩子已经打成了一团。

“南希动了我的东西！”彼得喊道。南希则大声辩驳 :“是你先拿我的东西！”这 3 个孩子，一回家就钻进自己的房间不出来，如果在一起玩，没有几分钟就打成一团。想到这些，我长长地叹了口气。

观察了几天后，我把孩子们叫到了跟前。我问他们 :“把碗碟胡乱扔到桌子上、玩具玩完后不收拾、兄弟姐妹间打架，你们有什么感想？”

孩子们没有回答。我又问他们 :“你们知道家庭是什么吗？”孩子们脸上一片茫然，眼巴巴地看着我。是呀，对于很早就失去了母亲的他们来说，这个问题实在太难回答了。“碗碟是我们大家一起吃饭时使用的餐具，非常珍贵，怎么能随便乱扔呢？自己的玩具不收拾，那谁替你们收拾呢？替你们收拾玩具的人会很辛苦的。还有，和别人打架你们自己心里舒服吗？互相指责，对自己有什么好处呢？”

孩子们既不知道家庭是个什么概念，也不懂得在一起生活要互相关爱的道理。看着不懂事的孩子们，我不禁起了恻隐之心。

茫茫人海中，当你感到疲倦，哪里可以休息？当你感到恐惧，哪里才有安全感？只有家。

教育孩子千万不能脱离家庭

从那以后，我一直绞尽脑汁想帮助孩子们理解“家”这个概念，想尽办法让他们感受到家的温暖。机会很快就来了，我一直让孩子们轮流打扫卫生。这一天轮到爱丽丝了，恰恰赶上她身体不舒服。于是我把握住这个好机会，对经常和爱丽丝吵架的彼得说："今天姐姐身体不舒服，你帮助她打扫卫生好吗？"

彼得的表情变得很复杂，因为他们兄弟姐妹之间从来没有互相帮助的习惯，因此他显得很犹豫。我站在犹豫不决的彼得面前，为了能够让躺在床上的爱丽丝也能够听见，我就大声地喊："我们的彼得今天替生病的爱丽丝打扫房间，爱丽丝听见了吗？"

似乎是为了让姐姐看到他的表现，他又扫又擦，格外卖力。他大汗淋漓、认真打扫卫生的样子至今还历历在目。

自从彼得替爱丽丝打扫卫生后，爱丽丝对彼得的态度发生了很大转变。当遇到困难的时候，她还会请彼得帮忙，并总是向彼得表达谢意。听到姐姐感谢的话，彼得非常开心，渐渐地，当南希有困难的时候他也愿意效力了。当然，事情并不总是这样顺利，他们还会因为一些小事打得不可开交，甚至弄得鼻青脸肿。

在向孩子们解释了家庭的意义之后，我对他们之间再次发生的打架就绝不姑息了。每次打架后，我先让他们明白谁是谁非，然后 3 个人一起接受惩罚。如果认识不到错误，就禁止他们外出，或者让他们写检查。每次我都对他们说相同的话："你们忘记了我们是一家人，这就是最大的错误。家庭就是互相忍让、互相关怀。如果做不到这一点，我们就不能被称为一家人。"

经过这样的教训，孩子们开始有所变化了。在一起受罚过程中他们逐渐明白了如何圆满解决兄弟姐妹之前的矛盾、如何不伤害对方、如何去关怀别人。

有一天，他们又习以为常地把碗碟扔到桌子上，于是我马上对他们说："谁摔坏了碗，谁就没饭吃。"

其实，当时我们家用的碗碟都是塑料的，根本不会打碎。但是，孩子们还是因为这一句话不敢再随便地扔碗碟了。他们小心翼翼地轻拿轻放，看着孩子们的变化，我感到很欣慰。

从那以后，即使再微不足道的感觉全家人也会共同分享。每当爸爸下班回家，在各自房间学习的孩子们就会跑出来向爸爸问候；孩子们还学会了帮我打扫房间，尽管他们能做的事较少，但这并不影响他们劳动的热情；遇到高兴的事，大家会一起开怀大笑；遇到痛苦的事，大家一起悲伤。孩子们就像树枝渐渐发出新芽一样，每天都有着新的变化。

如果没有家庭的概念，他们是绝对不会有这种变化的。孩子们终于渐渐理解家庭是一个整体，这个整体为他们构筑了坚强的防线，孩子们因此有了安全感。因为有了这样的家庭，他们找到了失去的自信。

个子相对娇小的南希也敢昂首挺胸；总是不能集中精力，令人担心的彼得，重新找回了自信；爱丽丝令那些白皮肤蓝眼睛的孩子抛弃了种族差别观念，并成为孩子中的“小领袖”。这一切只有在一个稳定的家庭中才能学到。

因此，我可以负责任地说，教育孩子绝对不能脱离家庭。

“钥匙儿童一代”没有归属感和安全感

在日本，“钥匙儿童一代”是指日本经济高速成长时期的一代少年儿童。他们脖子上挂着自家大门的钥匙，故此得名“钥匙儿童”。

二战结束后，日本政府为了复兴经济，号召国民全身心投入到工作中去。当时，每个家庭的父母都外出工作，孩子们放学后只能自己开门回家，因此脖子上都挂着家门的钥匙。

孩子们从学校回家后，几乎都是自己一个人生活。从前几代人生活在一起的大家族式生活方式已经不复存在。孩子们在年幼的时候几乎感受不到家庭的温暖，于是他们被称为“钥匙儿童一代”。这些孩子只在教科书上见到过“归属感”这个词。

在他们的眼里，爷爷奶奶只不过是麻烦的老人，父母的作用就是为他们提供生活的必需品。这样，他们怎么可能会懂得关心他人呢？而且，他们也没有可以倾诉的对象，对他们来说最重要的就是“自我”。颓废与享乐的猎奇文化、虚情假意的笑脸和极端的个人主义成为日本社会的另一面，从这里，我们可以看到“钥匙儿童一代”的悲哀。

没有归属感和安全感成为这一代孩子的显著特征。

父母不能沦为孩子口中“给钱的人”

遗憾的是，现在我们韩国的孩子也有这样的趋势，缺乏家的保护，感觉无依无靠。

忙于工作的父母，只能采取经济补偿的方法来弥补不能陪孩子的缺憾。供孩子上最贵的学校、买最好的衣服、提供最好的外国教材等。这样一来，孩子只会把家当成补给所，而不是可以让心情平静、真正得到放松的地方，甚至于有的孩子认为父母只是“给钱的人”。

这种情况在很久以前就已经埋下了危险的种子。当我们沉溺于西欧传来的个人主义和金钱万能主义的时候，我们忽视了家庭的存在，造成现在的悲剧，只能说是一种因果的报应。

孩子们还没有感受到家庭的温暖，就沦为为了考上一流大学而只知道学习的机器。对他们来说，家庭只不过是一个饿了可以吃饭、困了可以睡觉的地方。

爱丽丝、彼得和南希现在已经长大成人，并开始了自己的生活。无论他们多忙，他们都会珍惜他们的家庭，无论多忙都把家放在第一位。南希在她的事业处于鼎盛时期的时候果断地放弃了工作，就是基于这个原因。

如果你是一位正在抚养孩子的父亲或者母亲，请认真地想一想：

> 你在孩子面前，是否对家表现出厌烦、牢骚满腹？是否觉得孩子的爷爷奶奶很麻烦？夫妇间有没有互相指责、互相中伤过？有没有为了实现自己的愿望而强迫孩子学习呢？

如果孩子在这样的环境下成长，就会认为家庭并不是一个幸福的地方，并会想尽办法逃离这里。在孩子稍微长大一些后，就会选择离开家庭，要求独立。

幼儿期的开始和结束都在家里。没有稳定、和谐的家庭，就绝对培养不出优秀的孩子。

延伸阅读

为孩子创造空间的八种方法

当你让自己的焦虑平息下来，准备好了为孩子创造更多空间时，下面这些实用的方法可以帮助你。

1. 尊重他们的空间和隐私

尽可能地将你的焦虑平息下来，允许他们关起房门，而且你要养成习惯在进入他们的房间（或当他们正在浴室里）之前总是先敲门，如果他们说“不行”，那你就说你等一下再来。

2. 不要为他们脏乱的房间而焦虑

如果那是“他们的”房间，那就让他们想怎么处理就怎么处理。你可以告诉他们，为了保持卫生健康，每年全家上下都要彻底打扫两次，包括他们的房间。除去那两次大扫除，他们得自己管理自己的房间。每当你对他们的脏乱感到焦虑时，就去打扫你自己的房间。当然，你可以表达你对他们房间的看法，你可以说你不会进入他们的狗窝，因为怕被那一大堆的垃圾给绊倒了。不过，点到为止就可以。

3. 尊重他们的选择

给你的孩子适当的零用钱，然后让他按自己的选择去花费。即使只给他一块钱也没关系，最重要的是这个原则。告诉他钱有不同的用途（投资、花掉或送人），不过别指望他处理金钱会比你精明。当我们把钱给了孩子，就已经放弃了那笔钱的使用权。

如果你还要告诉他们如何花那笔钱，那就不是真正属于他们的了。如果你花钱有某一套逻辑，就照你的逻辑去做，因为你花的钱本来就是属于你的！不过，一旦你把钱给了他人，你就是把钱的使用权给了他人。如果我们希望孩子有正确的金钱观，那就必须先让金钱真正属于他们。

4. 戒掉你想知道他们的感受的欲望

大部分时间，他们根本不知道自己究竟有什么感受（大多数的成年人也一样）。你焦虑地认为他们必须搞清楚，这只会适得其反。相反，你越是不觉得需要去知道，他们反而越可能告诉你。这并不是说你应该漠视他们的感觉，而是在关心的同时要保持平静、镇定。所以，问问他们的感觉，让他们知道你想帮助他们学习如何表达自己。不过，千万不要想确定他们有“正确”的感受，那最多只是你认为他们应该要有的感受，只是源于你的情感焦虑罢了。

5. 戒掉你想知道“为什么”的冲动

质问孩子（不论是幼儿还是青少年），要他说明自己犯错的动机，是不会有结果的，因为他自己多半也搞不清楚。而且你想知道他们为什么会犯错，常常是为了自己而不是为了他们。你想要他们表现出某种形式的理性，你以为这样就不用担心他们进入社会后会不会成功，也不必担心会不会由于你的过失而导致他们失败。

具有讽刺意味的是，如果他当真知道自己为什么犯错，而且也能仔细地解释，说他是经过深思熟虑之后才打弟弟或逃学的，那你反而会更加担心了！如果你的儿子可以理智地说出他不写作业而且还顺便撒谎的理由，那你不仅该担心，而且还该害怕呢！

“以前，在我最焦虑的时候，很担心他会是一个问题少年。现在我很确定他就是了！”无论用什么方法问为什么，最终都不会有结果的。顶多只会让你的孩子学会为自己辩护，因为你这样做就是在要求他对自己的行为进行辩护。

6. 让他们去挣扎

对孩子的问题总是有问必答，或不断地告诉孩子要怎么去解决问题，就是剥夺孩子发展探索与大胆创新的机会。“妈妈，这我不会做！”一听到这话，一股莫名的力量就会激发我们的焦虑，我们觉得必须将问题解决掉。

可是如果急着去解答，就等于扼杀了他们依靠自己的力量找出方法的机会。

如果你让他们自己挣扎，你可以这样说：“你不会吗？天啊，那真是糟透了。你已经试过了哪些办法了呢？”

等他们回答之后，你再问：“那你现在准备怎么办呢？”当你眼睁睁看着孩子们挣扎的时候，如果你越能平息焦虑，他们（还有你自己）就会成长得越快。

7. 容许你的孩子反驳你，并学会尊重他们的观点

这对焦虑的父母来说是非常困难的，可是容许（甚至鼓励）你的孩子反驳你，会创造出一种和谐的亲子氛围。像“这是我的想法，你认为呢？”这样的问题，就体现了把孩子视为独立个体的高度尊重。

当你变得越来越“零吼叫”，不会对孩子的观点评价说“没错，可是……”，你真正地认同他的思考过程，尊重他在亲子关系里的位置，那样，你真的可以从孩子身上学到不少东西呢。

8. 跟孩子说话的时候尽量不要直视他们的眼睛

这听起来很怪，甚至有点背离常理。虽然对话时四目交接是极为亲密的举动，但是同时会让人感觉自己无所遁形。因此，这种对话很容易变成威吓和抗拒的模式。有时候，你要表现得既严厉又宠爱，很适合采取四目相对的方式，可是这种时刻是极少的，所以还是尽量慎用四目相对的对话方式吧。

如果你想让孩子去探索自己的空间，并与你分享过程，那就一起去做一些稀松平常的活动，把目光从彼此身上移开，但同时保持交流。

出去散步、逛街、开车兜风、拼乐高玩具、玩游戏、打水漂儿、玩棒球或其他任何事。这些简单的活动不仅可以让你们双方放下对抗的姿态，最重要的是，还可以使你们有足够的空间维持平静的交流。

到现在你应该已经明白，给孩子空间的意义就在于，这会让你更容易维持“零吼叫”，而维持“零吼叫”又有助于创造空间，这是一个良性循环的过程。很神奇，对吧？不管你信不信，你已经在向成功靠近了。

寓教育于生活，比填鸭要好一万倍

我们经常会在有孩子的家庭中听到这样的对话：

说过多少遍了，这道题应该这样回答！昨天刚教你的，怎么又错了？

妈妈，我讨厌做作业，让我玩一会再做行吗？

不要吵！你今天不把这些题目都做完就别想玩！

在孩子从嗷嗷待哺的婴儿成长为会走路、会说话的儿童期间，妈妈烦恼的事也随之而来。韩国妈妈最关心的话题就是“孩子的教育”。关于孩子的教育问题，妈妈们有很多的疑问。

应该在什么时候教育孩子？怎么教育？教育什么？

关于孩子的教育问题，我曾经听身边的一些妈妈这样说过：“首先，数学和英语是必须学的，在素质教育里，美术和音乐也是不可缺少的。”在这么多的选择中，最后妈妈们做出了决定：“能学的都要学！”

但是，妈妈让学的东西，并不一定都是孩子想学的。对孩子来说，他们有自己的喜好，对于自己不喜欢的东西，不知道哪一天他们就会厌倦。

而完全把孩子托付给老师，妈妈又心有不甘。

将孩子这样来回折腾，妈妈也总是心神不安。刚一听说邻居家的孩子已经学完了日语，正在学英语，妈妈们就又开始坐不住了，也开始逼迫自己的孩子学各国语言，最终将一个和气的家变成了争吵的战场。

这样，妈妈也变得疲惫不堪。在孩子的脑海里也形成了“学习没意思”的印象，同时会打上“妈妈很可怕”的烙印。那么，妈妈们究竟应该如何做呢？

和孩子们生活在一起的时候，我就下决心绝不能因为我自己的问题和孩子们产生矛盾。孩子们对新的生活环境还需要一个适应的过程，在这期间即使我不能为他们做什么，也不能给他们带来负担。

如何引导孩子，是一件很困难的事情。孩子们东方人的背景，使他们在美国的生活有很大的困难。在美国，作为少数人种要想生存下去，只有努力学习，才能得到美国人的认可。这一点我深有体会。因此，如何培养孩子的能力成为最重要的任务。

超市也能培养孩子的计算能力

和孩子们融洽相处之后，有什么方法可以引导他们自己学习呢？

这个问题，每天我都会问自己好几次。为了找到答案，下班后，无论在家里做什么事，我都和孩子们在一起。我想通过一起做事情，或许可以找到问题的答案。即使在刷锅洗碗的时候，我也特意把他们叫到身边。每次去市场买东西，我也带着孩子们一起去。

经过观察，我发现了一件有趣的事情。每次孩子们和妈妈一起做事的时候，都显得很开心。即使去超市买调料，孩子们也会像外出旅游一样充满好奇心。

有一天，我们和往常一样去一个大型超市买食品。看着孩子们兴高采烈的样子，我忽然突发奇想，能不能让孩子们在这样愉快的气氛中学点什么呢？这时我正好看到陈列在货架上的牛奶，而南希就站在我的身边，于是我问她 :“南希，一大盒牛奶和两小盒牛奶相比，哪个量更多？”

正兴致勃勃看这看那的南希听到我的问题后，拿起牛奶看了一会儿，嘴里嘟囔着 :“看一看包装马上就可以知道了……”这时，一旁的彼得走了过来，他拿起牛奶说 :“这里不是标明了重量吗？把两小盒的重量加在一起就可以和大盒的重量进行比较了。”

南希和彼得举着牛奶算了一会儿高兴地说 :“妈妈，一大盒和两小盒牛奶的量一样多，你别担心，买哪个都可以。”

他们似乎以为我是为了省钱才这么问的。趁机我又把爱丽丝叫到了跟前 :“你们都知道，我们家一天的伙食费是 5 美元，现在你们就帮我挑选 5 美元的食物回来好不好？”

我的话刚说完，孩子们的脸上就露出了兴奋的光芒。他们马上装出一副老成的样子，把脑袋凑到一块开始商量起来。需要的东西很多，但是只有 5 美元，这可不是一件容易的事。孩子们一边琢磨哪些是必需的东西，一边计算价钱，最后用 5 美元买了一大筐东西。

从那以后，每次去市场的时候，我都会让孩子们计算价格。算得最快的孩子，我就奖励他几枚硬币。在这样的过程中，孩子们的数学计算能力有了很大的提高。

厨房小天地，知识大讲堂

随着时间的推移，我终于找到了和孩子们一起做事的意义。在和孩子们一起做事的过程中，我可以很自然地了解到孩子关心什么、对什么感兴趣。在这个基础上，就可以把和孩子们在一起的时间当作一堂教育课。

有趣的是，这在妈妈看来也许是在学习，而对孩子来说则是一场游戏。去市场的时候，孩子们会把商品一样一样拿起来观察，了解一下产地是哪里、怎么生产出来的、都含有什么成分……如果没有得出最终答案，即使没人提醒，孩子们回家后也会主动去翻书寻找正确的答案。而且这样得到的知识不容易忘记，人们很容易记住生活中经常接触的东西。我将厨房也变成了最好的教学场所。即便是一种食物原料，也会有无穷无尽的问题。就拿土豆来说，食用的是哪一部分、含有什么成分、人吃后对身体有什么作用等，通过这样的问答，孩子们可以学到很多知识。

在挑选蔬菜、择菜、洗菜、切菜、炒菜的过程中，可以提高孩子们的数学、科学、哲学等各个领域的知识。我只要对他们加以适当的指导，他们就可以自己找出答案来。

仔细想想，这不仅仅是一个获取知识的过程，还可以帮助孩子们理解人与自然的深刻关系。人们很清楚地知道：自然给予人类一切、人类是怎样生存的、人类为了生存要怎样同自然和谐共处……但是，由于这些思维比较抽象，因此很容易被人们抛在脑后。不过，通过和妈妈在厨房里的对话，孩子们逐渐明白了其中的真正含义。

从那时候开始，通过这种方法，我的孩子们掌握了许多课堂上根本没法接触到的知识。有一位教育哲学家说过这样一句话："厨房是孩子最好的学习场所。"

这使我明白了一个道理，妈妈对孩子的教育不应当只是让孩子坐在那儿又读、又背、又写，而应让其从生活中获得知识，这样教育孩子不就更容易了吗？

妈妈们经常错误地把孩子看作一张白纸，而自己则充当在纸上绘画的画家。为了画好一幅画，妈妈在上面涂上各种不同的色彩。

孩子也不是计算机，他们不会像计算机那样将输入的信息原封不动地存储起来。当妈妈要求孩子无条件地接受所有教育时，孩子只会对学习产生反感，同时，对本来信任的妈妈也会产生不信任。有一个事实我们绝不能忘记：

> 教育不是让孩子无条件地学习。强制性的学习，只会使家长与

孩子产生矛盾。现在，父母应该立刻停止这种行为，取而代之的应该是在同孩子们一起做事的过程中，仔细地观察孩子。通过同孩子们一起生活的过程，寻找教育孩子的方法。

生活，才是学习最好的舞台。

相信每个孩子都有无限的潜力

在抚养孩子的过程中，经常会有人担心："我的孩子是不是反应很慢？"特别是在孩子两岁以后，身体比别人差、能力不如别的孩子的时候，妈妈总会担心孩子是不是有什么问题，而且总把他和兄弟姐妹相比较，恨不得孩子一下就成为天才。

我的孩子就有这样的情况，爱丽丝经常在全校大会上接受奖励，各方面都很优秀，南希则具有很强的艺术天分，而彼得和姐妹比起来则显得有些"平庸"，但是他也有自己的长处。他对自己感兴趣的科学领域，简直到了痴迷的程度。他对机械尤其有着浓厚的兴趣，小小年纪就可以制造出精巧的小东西来。

在发现他的长处的同时，我的心里也产生了不少压力和负担。如何弥补彼得的缺点和不足呢？

彼得是一个做事小心谨慎、性格内向的孩子。在他这个年龄，正应该是喜欢和小朋友一起玩耍的时候，可是他却喜欢一个人静静地沉浸于空想之中。他在学校的成绩也不是很好，在小学低年级的时候，他上课时总是不能集中精力，还经常因此受到老师批评。在和姐姐爱丽丝比较之下，他自己也有一些惭愧。

每次看到彼得，我都在想怎么才能让他改掉消极的性格，走出爱丽丝比他优秀的阴影。怎样帮助他树立起信心呢？这些都是亟待解决的问题。

我安慰自己“彼得并不比别人差，他一定能发挥自己的才能”，而同时又为彼得担心，他会不会被别人欺负？在学校会不会因为被批评而更加畏缩不前呢？我甚至希望每天都能够守候在他的身旁。

这样焦急的心情并不能解决任何问题，让彼得看到我这样子，他也会更加不安。

只有鼓励，才能让孩子摆脱“失败综合征”

于是，每天早晨睁开眼睛的时候我都会叮嘱自己：“不要管孩子的缺点，只鼓励他的优点。”

从此以后，即使爱丽丝考满分，我也不会在彼得面前表扬她。而对于彼得的成绩，我也只表扬他考得好的科目，对不好的科目我视而不见，“真不错，彼得。我就知道你肯定能行的，我为你感到自豪。”

在表扬彼得的同时，我不断叮嘱自己，彼得真的能做好，我不要为此不安。在这种想法下，彼得在学校的成绩对我来说已经不重要了。我开始考虑如何弥补在我看来彼得存在的不足。

彼得在数学和科学方面表现出浓厚的兴趣，但是在语言方面却相对较弱。因此，他非常讨厌写作。

“彼得，从今天开始你用这个本子记录一下每天自己所做的事情，怎么样？”

我没有给他孩子们常用的那种大日记本，而是给了彼得一个巴掌大小的本子，让他慢慢来。

彼得在我的劝说下开始练习写作，但是并没有什么显著效果，他在语言方面还是没有什么突出的表现。但是，对我来说，更重要的是他对我的信任，在这一点上他已经走出了第一步。

在彼得练习写作的过程中，我发现了很重要的一点。彼得在长句子上的表达比较弱，但是却善于写简短、概括性的句子，也就是说他适合于写诗歌。不知道从什么时候开始，他自己开始写起诗来，并且还给它们谱上了曲子。彼得开始消除了在语言方面的心理障碍，并找回了自信。他语言方面的成绩，随着年级的升高开始有了显著的提高。虽然还不是特别令人满意，但是对于这一点我终于可以放心了。

我不知道彼得的变化是写作练习的结果，还是以前我根本没有发现他的才能。但是有一点我是可以肯定的，那就是我始终没有去催促孩子做什么。

从中下等到 A⁺的转变

就在这时，由于身体的原因我不得不回韩国治疗一段时间。结婚后，我一边照顾 3 个孩子，一边还要学习，一天的睡眠不超过 3 个小时。最终由于过度疲劳，我吐血晕倒了，经医生诊断，我患上了严重的胃病。得到消息的父亲命令我放下所有的事情立即回韩国。我正在犹豫该怎么办时，病情恶化了，我不得不回韩国接受治疗。

这时丈夫恰巧被派往日本工作。韩国和日本距离相对比较近，我回到韩国，和他在日本还可以互相有个照应。丈夫在驻日本的美国部队里做教师。孩子们也转到了美军部队内的一个外国子女学校。在我身体康复后，我也来到了日本教学，这样我们正式开始了在日本的生活。

在日本生活了一年后，有一天，彼得从学校回来，把期末考试成绩单递给了我。当时，我对彼得在学校的成绩还停留在以前的印象中。于是，坦然地接过了成绩单。但是当我看到成绩单的一瞬间，我简直不敢相信自己的眼睛。他所有的成绩都是 A +，坦白地说，我还以为自己产生了错觉。

于是我背着孩子给彼得的班主任老师打了一个电话。

“你的班里有几个叫彼得的孩子？”

老师回答他们班只有一个叫彼得的。于是我直接对老师说：“据我所知彼得不是一个学习很好的孩子，他的成绩忽然一下提高这么多，我有点怀疑这到底是不是他的成绩单，或者是不是老师搞错了？”

我的话音刚落，就听到电话里传来班主任老师的一阵大笑。

“我没有搞错，那就是彼得的成绩。彼得是一个很优秀的学生！”

停顿一下后，老师继续表扬着彼得：“彼得不但上课充满热情，而且做每件事都很积极，是其他学生的榜样。”

曾经被认为比别的孩子反应迟钝的彼得，在小学毕业前夕，居然所有科目都得了A +，真是令人难以置信。

我的眼前似乎浮现出了彼得自信的微笑。

从那以后，我再也不用为彼得担心了。并不是因为他取得了好成绩，而是因为他找到了信心。在离开日本来到夏威夷后，彼得进入了普纳胡高中。彼得在这个学校里也是数一数二的好学生。

在童话《花的渴望》中，主人公小毛毛虫想离开大地，去一个离蓝天更近的地方。同伴们为了接近天空，纷纷踩着同伴的身体向上爬，结果形成了一个用身体垒成的塔，于是他也踏着同伴的身体，拼命地往塔尖上爬。但是，无论怎样用力都爬不上去，最后他放弃了努力，又回到了地面上。后来，他听到一位老前辈说，如果自己做一个虫茧，在里面经过漫长的等待，最后就会变成一只蝴蝶，可以自由自在地飞向蓝天。于是小毛毛虫从正在拼命向上爬的同伴中脱离出来，开始为自己编织茧，经过漫长的等待，他终于破茧而出，成为有着一双美丽翅膀的蝴蝶，自由地遨游在天空之中。

彼得整整用了10年的时间寻找自信。10年的时间，是一个很漫长的过程。就像小毛毛虫破茧成蝶一样，10年的时间，是彼得寻找自己翅膀所必须经历的时间。如果彼得选择放弃、踌躇不前或者急于求成，他将永远摆脱不了反应迟钝、不能集中注意力的评语。

通过彼得的经历，我明白了孩子所蕴藏的力量远远超出了父母的想象。而现在一些妈妈往往只看到孩子的一点表现，就妄下结论，急于求成。

人们在种树的时候，为了让树苗能够深深地扎根，就会施一点肥料，然后等着树苗去适应土壤和肥料。如果给树苗一下子施很多化肥，即使是再好的肥料，树根也会整个烂掉。别说长大成材，连小树苗都会干枯而死。

所以妈妈们不要只看到孩子现在的样子，就产生不安与急躁。要相信孩子们的才能，多给孩子鼓励，更加耐心地去等待他们的蜕变。

父母的焦虑不需要孩子承担

“我的孩子英语非常好”、“我的孩子正在学钢琴”……我们经常会听见妈妈们谈论类似的话题。妈妈们总是认为让孩子学这学那才算是一个好妈妈，并且以孩子的多才多艺感到心满意足。

但是这样做，究竟是为了孩子，还是为了满足自己呢？当然，世上所有的妈妈都会认为自己所做的事情都是为了孩子而不是为了自己。如果说她们把孩子当作“展示品”，她们一定会暴跳如雷的。

但不幸的是，韩国的大部分孩子都成了妈妈的“展示品”。不知道妈妈们是否知道，许多孩子因为情绪上有问题，必须去小儿精神科接受治疗，而大部分治疗过程都需要妈妈一起参与，只有通过妈妈的参与才能解决孩子心理上的疾病。接受小儿精神治疗的孩子还算是幸运的，治疗后，妈妈对他们的态度会发生一些变化。但是大部分的孩子，在成长过程中却因为妈妈的虚荣心而成为牺牲品。

父母的梦想不应该转移到孩子身上

韩国的妈妈们为了孩子的教育可谓煞费苦心。一看到新学校的广告或者英才培训班的消息就闻风而动。在妈妈的要求下，孩子们不得不做一些他们不喜欢的事。英语、数学，写作、计算机、美术、音乐……妈妈们恨不得每一样都让孩子学。现在的大部分孩子都多才多艺，可是却很少有孩子精通其中一门技艺。面对五花八门的培训班，如果孩子稍有微词，妈妈就会说："这全都是为了你呀！"孩子只得无条件地服从妈妈。

每当这个时候，我总怀疑这些妈妈是为了在孩子身上实现自己未完成的梦想才逼孩子学这学那的。

除了极少数的人外，韩国大部分的女性都有一种受害的潜意识。因为无论社会怎么变化，抚养孩子、操持家务都被理所当然地认为是女性分内的事。结婚前，女人还可以凭借自己的努力做喜欢做的事情，可是，一旦结婚生子，成为妈妈之后就会被家庭所束缚，无法再实现自己的梦想。潜在的受害意识就渐渐地显现出来了。

有的妈妈经常心理很不平衡。当看到朋友或者姐妹嫁给一个有钱男人的时候，当看到别人装修新房子的时候，每到节假日看着别人出国旅行的时候，当看到和自己孩子年龄相仿的小孩，由于家庭富裕而光鲜亮丽的时候，她们的心理都会非常不平衡。最触动这些女性神经的，就是看到电视剧里的医生、律师、老板和职业女性等所谓的精英们都过着富足自在的生活。别人在高档的西餐厅优雅地就餐，而自己却为了一分钱在市场上同人砍价，两相对比，真是别有一番滋味在心头。

在同别人的比较中，所产生的受害意识逐渐转化成了"恨"。"要是我当初学习再努力一点……""如果当年我努力考取律师资格……"，可是，这个世界上是没有"后悔药"的。

在妈妈的眼里，年幼无知的孩子的前途尚未确定，妈妈自己的理想在他们的身上得以延续。于是，孩子们只剩下妈妈给他们选择的一条路了，那就是要过上令别人羡慕的生活，补偿现在的贫穷。不知不觉中，妈妈迷失了自己，也扼杀了孩子的自由成长。

做"真实的自己"比做"妈妈的乖宝贝"更重要

我的3个孩子小的时候，美国还没有培训学校，只有为具备特殊才能的孩子设立的专门学校，相当于韩国的艺术学校。

南希在艺术方面似乎很有天分，她曾经想去专门学校学习。但是，最终我还是把孩子们都送到普通学校去了。因为通过我的观察，发现南希并没有超常的天分。如果盲目地送她去专门学校学习艺术，在今后的学习中她有可能被淘汰，这样会给她的一生造成巨大的伤害。

南希并没有放弃她的爱好，她对艺术方面的东西仍然很着迷。我虽然没能对孩子们进行专门的艺术培训，但是出于素质教育的原因，我还是决定让他们去学习钢琴。家里恰巧有一架钢琴，而我们还有一位会弹钢琴的邻居。

"孩子们，你们想不想直接用钢琴弹出你们喜欢的音乐呢？弹钢琴可是一件很有趣的事情哟！"

孩子们使劲地点头。开始的时候，他们学得很认真，可是没过几天，孩子们就开始看我的眼色行事了。有一天，又到了学钢琴的时间，他们总是磨蹭着不想去，互相交换着眼神。终于，爱丽丝鼓起勇气对我说："妈妈，我们一定要学钢琴吗？"

我很意外，我以为孩子们会喜欢弹钢琴。我问他们原因，他们说非常讨厌弹钢琴时的气氛，有这时间不如去做些其他想做的事情。而且，他们对教钢琴的老师也不太满意。我问他们从什么时候开始产生这种想法的，孩子们的回答令我大吃一惊。

"其实，从一开始我们就不太喜欢。"

"那你们为什么不早说？"

"妈妈不是希望我们学钢琴吗？"

刹那间，我惊呆了。我一直把为了孩子们好当作借口，其实是我强加给他们的。孩子们看我没有说话，不安地对我说："妈妈，如果你想让我们学钢琴，我们接着学。我们不学钢琴是不是让你伤心了？对不起！妈妈。”

听着孩子们的话，我的眼泪忍不住流了下来。

孩子们希望妈妈总是开开心心的，即使不喜欢做的事情，为了妈妈他们也会去做。我没有真正了解孩子们的想法，只是按照自己的想象，无意中强迫他们做了不喜欢做的事情。

妈妈，应当帮孩子找到方向而不是替他们做决定

于是，我立即决定不再让他们去学钢琴了。虽然这只是一件小事，但是通过这件事我明白了，作为妈妈应当给孩子指明方向，但是不能强迫他们去做什么。

正在抚养孩子的妈妈往往错误地认为，不管什么，孩子只要认真去做就可以成功。因为现在孩子还不知道应该怎么做，所以应当由妈妈决定。实际上，这是一个很危险的想法。当然认真做事情是没有错的，但是这件事情应当由孩子自己去选择、去决定。

在要求孩子做什么之前，一定要考虑这件事是孩子喜欢做的还是不喜欢做的。不要自以为对孩子前程有好处，就将自己的意愿强加给孩子。

同时，妈妈不要认为自己努力了就可以把孩子培养成多么优秀的人才。孩子的成长过程，不是可以推倒重来的拼图游戏。如果妈妈一味地强迫孩子做不喜欢做的事，孩子就会产生抵触情绪，最终的结局只能是妈妈心力交瘁，孩子疲惫不堪，而且家长和孩子之间的关系还会出现裂痕。

南希告诉我最近她正在和她的孩子们一起学钢琴的初级教程。以前南希很讨厌学钢琴，现在看到孩子在学忽然又产生了学习的冲动。尽管年龄已经偏大，而且花了很多时间，但是南希说她好久没有这么开心过了。

听了南希的话，我心想幸亏当初没有强迫他们学钢琴，否则现在怎么可能看到南希像孩子一样学初级钢琴的可爱的样子呢？

还把孩子当作实现自己梦想的寄托吗?

在抚养孩子的过程中，要时刻意识到自己所扮演的角色。因为父母经常会用错误的眼光去看孩子，认不清自己应当起的作用。

父母以为供孩子吃、穿、上学，就是父母应尽的义务了。

其实父母应尽的义务还远不止于此。在孩子面临未来的选择时，孩子应该有权利自己去选择。然而，有的父母觉得已经为孩子做得够多了，现在孩子应该按照父母的愿望去成长，但相信每位妈妈都明白，父母和孩子之间不是“我给了你多少，你就要报答我多少”的等价交换关系。

我觉得父母在为孩子尽义务时，需要有一种牺牲精神。牺牲是指不求任何回报、无条件地给予。要求回报的给予就不是牺牲。父母在为孩子付出时，不要为孩子划定路线，尽管这并不容易做到。

其实，我也想让孩子按照我的想法去做。爱丽丝想成为文学家、医生或者律师；南希也希望成为医生或律师；彼得想成为物理学家或发明家。彼得小时候在理工方面有很高的天分，所以他的想法和我相同。但是，爱丽丝和南希是亚洲人，如果想在美国平稳地生活下去，医生并不是一个理想的职业。而律师这种职业经常要违背自己的良心，因此我也不太赞成。但是,对孩子们的选择我没有过多的干涉。虽然我想让他们听听我的意见,但最终我还是忍住了。从最后的结果来看，我的做法是明智的。

我对爱丽丝和南希的担忧都是不必要的，长大后她们走上了自己选择的道路，成为两名正义的律师。彼得也按照自己的梦想，在人生道路上满怀信心地前进着，无论遇到什么挫折他都不会轻易放弃。如果我当初干预了孩子们的生活，现在也不会看到孩子们幸福的笑容了。

父母不能代替孩子生活，同样，孩子也不能再给父母一次人生。父母有父母的生活，孩子有孩子的生活。

父母养育子女，就像培植一棵幼苗一样。要想让幼苗长成栋梁之材，需要有足够的养分、充足的阳光和适当的风雨。父母的作用就是当幼苗需要水时，给它们浇水；遇到风雨时，为它们抵挡。但是，幼苗不会按照人的想法想要苹果树就成为苹果树，想要梨树就成为梨树。孩子和幼苗一样，不会完全按照父母的想法去成长。

纪伯伦在他的书里这样写道：

> 你们可以给他们以爱，却不可给他们以思想，
> 因为他们自己有思想。
> 你们可以荫蔽他们的身体，
> 却不能荫蔽他们的灵魂，
> 因为他们的灵魂，是住在“明日”的宅中，
> 那是你们在梦中也不能想见的。
> 你们可以努力去模仿他们，却不能使他们来像你们，
> 因为生命是不倒行的，也不与“昨日”一同停留。
> 你们是弓，你们的孩子是从弦上发出的生命的箭矢。
> 那射者在无穷之中看定了目标，也用神力将你们引满，
> 使他的箭矢迅疾而遥远地射了出去。
> 让你们在射者手中的“弯曲”成为喜乐吧；
> 因为他爱那飞出的箭，也爱了那静止的弓。

抚养孩子就是让孩子自己去感受生活，选择自己的路，而父母所要做的就是在孩子身旁给予帮助。

现在，我想问一下读到这里的妈妈们，你们还把孩子当作实现自己梦想的寄托吗？

给孩子成长的空间，他就能创造奇迹

我念小学的时候曾经读过一本小说，直到现在这本小说还常引起我的思考。这本小说就是阿尔贝·加缪写的《局外人》。

> 在《局外人》中，主人公莫尔索是一个普通的公司职员。他对所有的事情都漠不关心，包括自己。
>
> 在听到母亲去世的消息后，他也无动于衷，糊里糊涂地参加完母亲的葬礼，第二天他去了海滨浴场碰到了从前的女同事玛丽，两人一起游泳，晚上又看了一场滑稽电影，电影的情节使两人笑得前仰后合。莫尔索最常说的一句话就是："那不是什么重要的事。"
>
> 他对想升他职的老板说："你也和别人一样，不愿意改变生活吧！"当恋人问他爱不爱她时，他回答说："这有什么关系吗？"
>
> 在海边他用枪杀了人，法庭上法官问他为什么杀人，他的回答很简单："因为阳光太刺眼了。"

每次读《局外人》这本书时，我总是受到很大的冲击。现实生活中，我看到许多和莫尔索一样生活的人，想到莫尔索在死亡来临之际，就如同在滑冰场上一样没有一点感触的时候，我不禁有个疑问，人究竟应该怎样生活？

在现实生活中，我经常遇到像莫尔索一样的人。在地铁里、大街上、公寓的走廊里，生活中的莫尔索无所不在。他们对身边的一切事情漠不关心，不知道隔壁住的是什么人，就算有人在眼前杀人放火，他们也无动于衷，他们没有任何理想，麻木地生活着。

更严重的是，正值花季的孩子们也像他们一样，无论在培训班还是在学校，每天麻木地生活着。从他们脸上看不到本该洋溢着的笑容，取而代之的是对生活的绝望。

别让游戏中的虚拟世界代替现实生活

几年前在日本发生过一起中学生连环杀人案。当有人问这个沉溺于游戏的中学生有没有意识到自己是在犯罪时，他惊讶地反问道："反正只要再投进硬币，他又会活过来，这有什么关系呢？"

这个孩子因为沉迷于游戏，不能将现实生活与虚拟世界分开，最终产生错觉，把现实生活当成了游戏，酿成了一场无法挽回的悲剧。

最近，在韩国，孩子们沉迷于游戏和虚拟生活所带来的危害，也逐渐成为一个严重的社会问题。青少年们为了逃避残酷的现实生活而沉溺于虚拟空间。因为在现实生活中不能实现的东西，在游戏或虚拟空间中都能实现，于是他们用虚拟世界代替了现实生活。

这和莫尔索有太多的相似之处。现实生活太繁琐，这些孩子没有理想，没有未来，只沉浸于虚拟的幻想中。究竟是谁使孩子们走到了这个地步呢？

正是那些热衷于教育的韩国父母们造成了这样的结果。孩子们出生后，从来没有按照自己的方式生活过。父母们总是强迫孩子们按照自己的愿望去成长，为了完成制定的目标不断地催促着孩子们。孩子稍微发会儿呆，便会招来大声的责骂，父母认为孩子在浪费时间。

孩子们生活在父母的眼色中，就好像是在一片广阔的土地上不停地蹬着自行车一样，父母连个喘气的机会都不给。渐渐地，父母无休止的要求夺去了孩子们所有的自由时间。孩子们在每天 24 小时的生活中，连 1 分钟也不属于自己。

这样下去，孩子就有可能像《局外人》里的莫尔索一样，用一种极端的方法过着麻木的生活。莫尔索最后选择杀人这一极端的方式，正是为了打破无休止重复的生活。对莫尔索来说，只有最后的杀人是他一生中唯一一次由自己做主的选择。

给孩子提供独立思考的时间和空间

如果妈妈看到孩子一个人坐在房间里，什么都没做，只是看着窗外的天空发呆，妈妈会怎么做？是给他一个玩具，还是跟他说别浪费时间了？妈妈不要一看到孩子发呆就一副忍无可忍的样子，至少也应该关心一下孩子是不是有什么问题。妈妈似乎最看不得自己的孩子待着没事干的样子(即使只是短暂的发呆)。

彼得就格外喜欢沉浸在空想中，特别是什么都不做，自己一个人沉浸在遐想之中。大多数人肯定会认为他不会在想什么重要的事情，而我看到彼得这样，却非常想知道这个孩子到底在想什么？

但是我没有干涉彼得。其实，不只是彼得，爱丽丝和南希在做完功课后，我也让她们回到自己的房间做自己的事情。彼得经常发一会儿呆后，就开始捣鼓一些组装品，还会掏出书来，在纸上画着什么。爱丽丝和南希则喜欢编织一些东西，有时画画玩。

他们有的时候就是呆呆地坐着。但是不管孩子们做什么我都不会去干涉，只是偶尔我会引导他们做一些事情。

在这段时间里，无论是画画、看书，还是玩玩具，都是孩子自己的选择。孩子们也有了自己思考的时间和空间。

在我小的时候，父母除了一些规定的事外，绝对不干涉我们，给我们的时间就彻底由我们自己支配。小时候我不明白父母为什么这么做，随着年龄的增长，我终于明白了父母的良苦用心，他们这样做对我们的成长是非常有意义的。在自己自由支配的时间里，没有任何压力，我们可以按照自己的想法尽情地展示自己，做自己喜欢做的事。只有那时，才能体现自己真正的个性。

爱丽丝、彼得、南希的思考方式、喜欢做的事情、处理事情的方法各不相同。小时候我就给了他们充分的自由时间。没有别人的干涉，在自己的时间和空间里可以自由地思考，这培养了他们自己的性格。

白天大家一起听的音乐，他们回到自己的房间后会自觉地再听一遍，这样他们的理解就会更加深刻。画画的时候，他们会用画笔描绘自己的未来。通过涂鸦似的乱画、编织东西，他们对自己喜欢的颜色和形象有了更新的认识。

随着年龄的增长，孩子们的学习任务越来越重，时间也越来越紧张。但是，越是这样的时候，我给孩子们自由的时间就越多。因为孩子需要自己考虑的问题也越来越多。

妈妈们总津津乐道于那些学习起来废寝忘食的孩子，对这样的孩子总是赞不绝口。真的有这样的孩子吗？大概学习好、听话的孩子会这样。但是将所有时间都花费在课本上的孩子，就失去了在自由时间发现自我的机会。

我相信在给孩子的自由时间里，孩子们会选择自己奋斗的方向。自由时间越多，孩子越能明白自己应该做什么。

彼得小时候总喜欢拆东西。上高中时，他在全国科学大会上获得了发明奖，这都是因为我给了他充足的思考时间，让他找到了自己的特长。如果只是一味地督促彼得学习功课，不要浪费时间，恐怕连彼得自己都不会发现自己有那方面的才能吧。

韩国的妈妈们都有奇怪的强迫症，他们希望孩子不停地学习，从早到晚跟在孩子们后面，每一件事都要指指点点。为了能超过同龄的孩子，妈妈们把自己的孩子当牛一样，在各个培训学校之间赶来赶去。

妈妈无法忍受孩子有空闲的时候。孩子失去了仰望蓝天，享受阳光的快乐，甚至学习的时候，笔一停都要招来妈妈的批评。这些妈妈们根本不知道在教育孩子的时候，给他们自己思考的时间是多么重要。

孩子们在这样的环境下成长，不用说树立自己的个性、培养自己的才能了，恐怕连休息的时间都不够吧。处在这种没有喘息之机的生活中，孩子们早就已经疲惫不堪了。没有自己思考的时间，就不会有发展的机会。

不仅如此，总是处在妈妈的监视之下，孩子做事会变得缩手缩脚，对世界也会形成极端的看法。

孩子需要自己进行思考，塑造自己。只有给了孩子适当自由的时间，孩子才能拥有更大的创造性。父母不能剥夺孩子的自由，更不能去强加管制。无论谁都有决定自己人生的权利。

如果真的为孩子的人生担心，就要给他们属于自己的时间。给他们一个没有任何人干涉，可以自己思考、享受、塑造自己的世界。

不要埋怨丈夫

在抚养孩子的过程中妈妈经常会感觉力不从心，这并不是妈妈的能力不够。在教育孩子的过程中妈妈要承担多种角色：孩子的朋友、避风的港湾、生活的顾问……在这一过程中，肯定会有角色冲突的时候，而且妈妈总希望孩子能够按照自己的愿望成长。

在教育孩子的时候，我也会经常感到心有余而力不足。正是在丈夫的帮助下，我才最终出色地履行了为人母的职责。

丈夫在孩子们面前是力量的象征，像一面坚固的盾牌一样保护着孩子。当我因为孩子的问题而无所适从的时候，丈夫就像指南针一样给我指明了方向。

我和丈夫还有孩子们构成了一个三角结构，在孩子成长的过程中始终可以维持着一种平衡。就是在这种情况下，孩子们顺利地度过了被称为“叛逆时期”的青春期，逐渐长大成人。

很多妈妈感到养育孩子非常困难，我经常对这些妈妈说：“要在孩子面前树立爸爸的威信，爸爸是处理你和孩子关系的一张重要王牌。”

但遗憾的是，在韩国社会教育孩子的问题上，爸爸越来越显得微不足道了。最近的一个调查显示，爸爸和子女在一起的时间，1 天平均不到 1

个小时。在参与调查的爸爸中，大部分人没有尽到做父亲的责任。他们大多数（43.5%）的说法是："和孩子在一起的时间太少了。"在孩子成长的过程中，爸爸一直忙于工作，和孩子见面的时间都没有，这对孩子的成长极其不利。

没有时间和孩子在一起，就不能尽到父亲的责任吗？孩子如果有一个忙碌的爸爸，就只能在缺少父爱的情况下成长吗？

我的丈夫可以说是一名一线工作人员，一年 365 天中有 280 天在外面参加学术会、报告会和演讲。在家里，小到在墙上钉个钉子，大到修理家用电器这些本应由丈夫来做的事，大部分都由我来做。孩子和爸爸在一起交流对话几乎是不可能的。

但在孩子幼年的时候，并没有感觉到父亲是个"局外人"。虽然孩子们总也看不到爸爸，但我总是跟他们说爸爸是个怎样的人。我总是努力在孩子们心中树立起爸爸的地位。从这一点上我完全可以自豪地说我是一个贤妻良母。

绝对不能让孩子们看到父母争吵

在蜜月旅行的最后一天，丈夫对我说："对不起，明天你自己回家吧，我还要参加一个重要的学术讨论会。"

虽然有点不愉快，但是有什么办法呢，毕竟是因为工作。最后，我还是独自拖着沉重的行李回到了还有 3 个孩子等待我的新家。

和孩子们在一起的第一个晚上，突然从彼得的房间里传来了痛苦的叫声，我急忙跑到了彼得的房间，看到彼得正痛苦地在床上滚来滚去。我顿时手足无措愣在了那里。这时爱丽丝走了过来对我说："彼得小时候就经常这样，没什么大事。"

听了爱丽丝的话，我才从慌乱中清醒过来，赶紧给医院打电话，然后一边安慰孩子，一边像没头苍蝇似的跑上跑下，不知不觉天已经亮了。忙了一晚后，我委屈地掉下了眼泪。

但是，这只是个开始。丈夫不在家时，家里所有的活都是我来做。在墙上钉钉子这种小事就不提了，最费劲的就是修整院子里的草地。要把齐膝高的荒草修整成平整的草坪，我必须一个人从屋里把到我胸口高的割草机拖到院子里去。

有一天，丈夫又出差了，我需要把割草机拖到院子里去。但是那天我非常疲惫，无论如何也搬不动那个沉重的割草机。我家院子里还有几处小坡道，在搬的时候如果一不留神就会连人带机器一起滚下去。于是我就找了一条长绳子，一头拴在树上一头牢牢地拴在自己的腰上。

我一个人在院子里割了半天草，正想喘口气，门铃响了。是丈夫回来了，他带着坦然的表情，走进院子里来，我一看到丈夫顿时火冒三丈。

“我怎么这么苦命呀！你什么都不管，是不是把我当成家庭主妇了……”

当我要把长时间以来的积怨一下子爆发出来的时候，孩子们全都跑了出来，他们亲热地喊着：“爸爸回来了！”

我立刻把丈夫的衣架递给了他，然后静静地走开了。虽然憋了一肚子的委屈，但是因为孩子们在场，所以我不能和丈夫发火，我不能让孩子们看到父母争吵。抚养过孩子的父母都知道孩子有时候敏感得令人吃惊。万一当时我和丈夫吵起来，会对孩子造成极其恶劣的影响。

大部分孩子本能地和妈妈更亲近一些。因为在他们的印象里，总是妈妈在满足他们的要求，所以他们更偏向妈妈一点。如果妈妈在他们的爸爸面前大声吵闹，他们十有八九会对爸爸产生坏印象。他们可能会想“爸爸让亲爱的妈妈生气了，他是我们家的坏人”。

从那之后，我从不在孩子面前和丈夫大声说话。即使我们之间有问题，也会在孩子不在场的情况下解决，而且我在发完脾气后，都是和丈夫平静地交谈解决问题。

有的妈妈和丈夫吵架后，总是这样问孩子：“你站在妈妈这边？还是站在爸爸那边？”如果孩子回答“站在妈妈这边”，妈妈心里会得到很大安慰。我奉劝这样的妈妈赶紧放弃这样的做法。因为，这一瞬间，会使丈夫在孩子们的心目中留下很不好的印象。

不要干涉丈夫与孩子之间的关系

在美国结婚几年后，我非常想念在韩国的父母。那时候正好论文已经完成，我还有些空闲时间。我很担心如果回韩国，会没人照料孩子，但是，我不知道以后还会不会有这样的机会了，于是下定决心回一次韩国。

回到了朝思暮想的祖国，但是没过几天，我的心里就开始不踏实了，总是想起我在美国收拾行李时孩子们对我依依不舍的情景。还是母亲了解我，她对我说：“你现在也是母亲了，孩子们离不开你。”她督促我尽早回美国，尽早回到孩子们身边。

最后，我比预期行程提前了几天回到美国。一看到我，孩子们就兴高采烈地跑了过来，我感到十分满足，赶快打开了皮箱，给他们分发礼物。

彼得在拿到礼物后表情有些奇怪，给彼得的礼物是一件黄色的裤子。我觉得这条裤子非常适合穿着讲究的彼得，就给他买了两条。看来，彼得似乎不太满意。这时，丈夫看到了彼得不太高兴的样子。

“彼得，妈妈特意给你买的，你怎么这种表情？”

彼得一句话也没说。

“不喜欢吗？”

彼得还是没有回答。于是丈夫把彼得叫到了书房。我有些担心，在书房门口偷偷地听着他们的对话。

“韩国是离这里很远的地方。妈妈在那么远的地方给你带来的礼物，你应该拒绝吗？为了妈妈，你也要高高兴兴地把裤子穿上。”

“爸爸，你这是在强迫我。穿什么样的衣服是我自己的事，我觉得爸爸不能要求我必须做什么，而且我的朋友中，也没有穿黄色裤子上学的。”

这样的对话一直持续到凌晨 4 点钟。丈夫认为孩子无视妈妈的诚意是错误的，而彼得则认为不能强迫他穿不喜欢的衣服。

丈夫的话没有错，作为一名教师，我也很理解彼得的心理。但是，我没有向他们说出我的看法，也没有参与他们的对话。当然第二天我会跟丈夫进行交流。

我发现在现在的韩国家庭里，妈妈的口气越来越强硬。只要是和孩子有关的事情，都由妈妈来决定。如果爸爸稍微想插一句话，妈妈总是会说："你整天在外面，知道什么？"

在韩国的幼儿园里，如果问孩子们："爸爸是什么人？"大部分孩子回答："挣钱给妈妈的人。"在孩子们的印象里，买玩具时，大多数情况下是爸爸站在一边看着妈妈掏钱。

随着时间的推移，孩子会将爸爸彻底从自己的生活中排除出去。即使自己有什么事情第一个念头就是"只有妈妈才能解决"。

出现这种结果，都是受妈妈的影响。而且这也无异于失去了一个教育孩子的重要帮手。当妈妈与孩子之间出现问题时，连一个可以从中调解的人都没有了。

在培养孩子的过程中，为了不失去爸爸这个"帮手"，在孩子面前，我总是对丈夫保持谦让。

即使是给孩子一个小礼物，我也一定要通过丈夫送。在孩子与丈夫很少见面的情况下，一定要采取一定的措施维持丈夫在孩子心中的地位。在抚养孩子的过程中，不要总埋怨丈夫对自己没有帮助。对丈夫要理解与忍让，这样对家庭的和谐才有好处。

塑造丈夫在孩子们心中的地位

由于丈夫的公务繁忙，从孩子们小时候到现在，我们全家没有一起去旅游过。即使是在节假日，丈夫也很少和孩子们在一起。

丈夫每次过节的时候几乎都不在家，并不是因为要参加学术会或者其他什么公事。每年的圣诞节、感恩节、春节的时候丈夫总是自己回他的父母家。

起初，我以为丈夫不愿意全家五口人一起回去是为了省路费。但是丈夫却有他的想法："我的父母虽然人很好，但是，我还暂时不想让你和孩子们跟他们见面。如果你经常和他们见面，他们就会干涉你教育孩子。如果我的父母代替你去教育孩子，这样不利于孩子们的成长。"

丈夫的话不免有些杞人忧天，但是他的确是为了孩子们的将来着想的，所以我并没有反对，也没有显出一点不高兴。

可是孩子们却不这样想。孩子们不明白，为什么一到过节的时候，总是见不到父亲。

"为什么每次过节爸爸都不在家呢？平时总不在家，连过节的时候也不和我们一起度过。"

没有爸爸的圣诞节、没有爸爸的复活节、没有爸爸的新年，每到这个时候，孩子们总是将心中的不满一下子爆发出来。看到孩子们这样，我也总是后悔让丈夫一个人去他的父母那里。

但是，我绝对不能让孩子看出我有这种想法，我总是耐心地向他们解释爸爸不能和我们一起过节的原因。

"你们很爱爸爸妈妈是吗？同样的，爸爸也很爱你们的爷爷奶奶。如果我们全家都去爷爷奶奶家会花很多钱，所以只能爸爸一个人去。这不是爸爸的错。爸爸也很遗憾不能带大家一起去。"

爸爸和孩子的关系与妈妈和孩子的关系有所不同，如果稍微有点误会，就很难消除。爸爸和孩子们在一起的时间相对较少，产生误会后，圆满解决的机会也就比较少，最好的方法就是避免出现误会。在孩子们对父亲十分不满时，我不能在他们面前发丈夫的牢骚，而是应该让他们明白爸爸是不得已的。

在多次的解释之后，孩子们不再埋怨爸爸了。在节日快结束的时候，他们总是一起欢迎爸爸的归来，而丈夫总是又抱歉又感动地回到我们身边。

如果希望爸爸在孩子们心中树立起威信，那就要不断地向孩子们解释爸爸的处境。妈妈的解释，可以消除孩子和父亲之间的隔阂。

第 3 章

善于引导，培养孩子优秀的品格

彼得是一个早产儿，反应有些慢，性格内向，可有一天，他突然对我说："妈妈，请你同意我从明天开始去送报纸。"大多数妈妈肯定会说："你只要学习就够了。"

但我顶住婆婆的指责和自己的心疼，彼得在我的支持下坚持了 3 年。当我生病住院时，他将送报纸挣来的辛苦钱拿出来，那一刻，我泪流满面，作为妈妈的辛苦在这一刻得到回报。

让孩子认识自我

孩子们小的时候，我经常和他们一起玩一种提问游戏。实际上提问并没有正确答案，但孩子们非常喜欢玩这个游戏。我们先假定一种情况，然后大家一起思考如果处在这种情况下应当如何应对。例如，有时候我会问这样的问题：

> 我有一个非常要好的朋友，他急需钱用，于是向我借 10 美元，可是我只有 5 美元，而且这 5 美元对我来说非常重要。在这种情况下我应该怎么做？

孩子们歪着头各自发表自己的意见。一个说："我也很需要钱，我不能借给朋友。"一个说："朋友比我急需用钱，应该借给朋友。"另一个说："朋友比金钱重要，我应该想办法帮朋友凑 10 美元。"最后，我并没有说出自己的想法。一个人应该怎样做，要根据当时所处的环境来决定。不能简单地说哪一种做法是正确的，哪一种做法是错误的。

当年，我离开了关爱我的父母、宠爱我的哥哥，只身来到美国，在这个陌生的国度，一切都需要重新开始。从铺床睡觉到洗晾衣服，就像小孩子学走路一样，我慢慢地摸索着。

无论什么事情，一旦做习惯了，我们就会发现它其实并不像想象中的那么难。但是，在许多突如其来的情况下，人必须自己做出判断，恐怕这一点是最困难的。在不能做出正确判断的时候，我总在问自己："我究竟应该怎样做？"为了找到最正确的答案，我不惜花费大量的时间和精力。

在上学期间，就有很多难题摆在我的面前，需要我去用心思考。有的时候，我甚至会考虑：如果在美国生活我应该如何为孩子申请美国国籍；孩子在这里生活将来可能遇到怎样的机会，面临怎样的挑战。这些事情都需要我自己思考。每个人都会遇到类似的问题，每当这时候，我认为最重要的就是相信自己。如果对自己都没有信心，那么在需要做出抉择的时候，就会感到极度不安而陷入彷徨与混乱之中。

幸运的是，我的孩子们在我的提问游戏中，渐渐地认识到了自我，明白了自己希望做什么，怎样做最好，并开始对自己的人生有所领悟。

如今，我们每个人都能切身体会到全球化的步伐正在一天天地加快。每天的新闻，大部分内容都与国际形势息息相关。在这种情况下，我们不能将目光仅仅局限于韩国，而要从全世界的角度去思考问题。

现在的孩子们，已经处于全球化的时代当中。从小学开始，英语已经成了孩子们的必修课。随着全球化趋势日益显著，互联网发展更加迅猛。以前感觉很遥远的外国，现在就像隔壁的邻居一样，通过互联网我们可以非常方便地了解外国发生的大事要闻。因此，现在不能只把孩子关起来闭门读书，应该让他们放眼于世界。全球化的浪潮，也让父母们变得不平静起来。因为，人们可以施展才华的舞台更加宽阔，选择的方向更加多样。

就像硬币的两面一样，在机遇里也暗藏着危机。随着社会的发展，可选择的机会越来越多，但另一方面个人的压力也越来越大。如果不能真正了解自己，所谓的机会也就不能成为机会了。不能真正地认识自己，面临选择时，就难以做出正确判断。一旦做出了错误的选择，将会影响人的一生。

为了更好地认识自己，孩子们应该怎样去做呢？

一双打满补丁的毛袜让孩子清醒认识自我

和丈夫结婚前，我总和3个孩子一起玩耍、一起聊天，就像一家人一样。渴望母爱的孩子们对我十分依恋，总是紧紧拉着我的裙摆缠着我和他们一起玩。

在与孩子们共同生活的第一天，我把孩子们叫到跟前问他们："你们觉得自己可怜吗？"

对突如其来的问题，他们似乎有些不知所措。过了一会儿后，3个孩子都点了点头。我又平静地问他们："你们觉得爸爸呢？"

"爸爸也很可怜，妈妈那么早就去世了，只留下我们。"

听完爱丽丝坦率的回答后，最后我又问他们："那么我呢？"

孩子们含着泪水，哽咽着说："和爸爸结婚后，要照顾爸爸和我们3个，妈妈也是可怜的人。我们家全都是可怜的人。"

我一边流着泪一边拉起孩子们的手说："对，我们都是可怜的人。可怜的人在一起就要更加珍惜生活，对吗？我们在一起就要好好努力地生活，变成幸福的人。"

孩子们在遇到我之前，足足有3年时间生活在别人的家里。和没有一点血缘关系的人生活在一起，孩子们所经历的痛苦简直无法用言语形容。收养彼得的那家人，连给孩子吃一粒阿司匹林也要孩子的爸爸先签字同意，他们不想负任何责任。

我在有着痛苦回忆的孩子面前，残忍地说出了"我们都是可怜人"这句话。这是我们成为一家人的第一天。我是一个感情细腻的人，一般情况下我不会轻易说这种让孩子心里难过的话。不过，我在心里斟酌了很久，最终还是决定说出来，因为说出这句话虽然会勾起孩子们痛苦的记忆，但这种痛苦只是瞬间的，而这句话对孩子们的成长却有着深远的影响。

我们应当忘记过去，畅想未来的生活。但是对孩子们来说，应当对现实生活有一个正确的认识，明白自己目前处在什么样的环境中。虽然这未免有些痛苦，但是正确的认识是必要的。如果没有这种认识，今后的计划、目标不过是空中楼阁罢了。

我们现在的家庭就是这样一种状况：孩子们还没有断奶就被分别寄养在陌生人家里，彼此之间感受不到兄弟姐妹之情；我的丈夫，也就是孩子的爸爸，一年中有大半年的时间要在外参加各种学术会而不能回家；而我，作为丈夫的妻子、孩子的母亲，却是一个没有任何血缘关系的外国人。共同生活之前，我和孩子们相处得很好，但是成为一家人后，每天都生活在一起，发生矛盾、摩擦也就在所难免了。我希望孩子们能够正确地面对这个现实。如果不能正确面对现实，那么今后一旦出现问题，矛盾很可能进一步激化。

我很了解自己的处境，之所以要求孩子们也清楚地认识自己的处境，是因为我们的家庭和其他普通家庭不一样。如前所述，在充满机遇的美国，为了有一个安稳的生活，我必须这么做。

孩子们考上大学离开家的时候，我都要给他们一双毛袜，那不是一般的毛袜而是他们小时候穿过的毛袜，而且这些毛袜都是曾经补了又补的。

> 在穿这双袜子的时候，要仔细体会脚底粗糙的感觉，这样，无论你身在何方、处境怎样都会对自己有一个正确的认识。

我想让孩子们去体会自己所处的环境，意识到自己在美国还非常弱小的现实。然后让他们做出一个计划，怎样超越这个现实，成为出类拔萃的人。最终，我的孩子们都考上了美国一流大学，并以优秀的成绩完成学业，这一切都来源于他们对自己有一个客观、清醒的认识。**在正确认识自我的基础之上，冷静地把握机遇，人就能够开拓出一条超越现实、实现梦想的光辉之路。**

如今，我的孩子们已经长大成人，而且都有了自己的儿女，但我依然经常告诫他们：“对现实没有认知的人是无法描绘未来的，因为未来是以现实为基础的。”如果希望孩子能够成功地开创未来，那首先应该教会孩子如何正确认识现实。

民族自豪感是孩子肯定、发展自我的动力

2002 年 6 月，整个韩国变成了欢乐的海洋，举国上下都沉浸在胜利的喜悦之中。在群星荟萃、举世瞩目的世界杯足球赛上，韩国国家足球队神奇地打入了四强，创造了一个不朽的神话。在世界杯期间，大街上掀起了红色的浪潮。就连还不知太极旗是何含义的小学生也脱口而出：“作为韩国人我感到非常自豪。”所有人都对自己的祖国有了新的认识。

但是，当世界杯留下的热潮渐渐冷却后，面对韩国目前困难的经济状况，金融危机给人们造成的恐惧再次悄无声息地袭上国民心头。如果再问：“作为韩国人，你会感到骄傲吗？”此时又有几个人还能点头呢？也许，有人会嘲笑我的看法，在这个已经趋于全球化的世界上，还分什么国家？

我认为越是在国家困难的情况下，越是在全球化浪潮汹涌澎湃的时候，国家的概念越重要。我属于哪里，我流着哪个民族的血，这是一个人幸福和情结所在。当所有的人团结在一起时，国家才能富强。

深谙此道的美国，正在外国市场暗暗地实行着它的新殖民政策。他们宣扬全球化、“地球村”的提法正是为了让人们在脑海中淡化国家的概念。而孩子们受这种影响，也渐渐地不知道国家为何物。孩子们从小就喝着可乐，吃着汉堡，穿着国外名牌，这样下去怎么会爱自己的国家呢？

当然，我所说的国家观念绝不是二战时期日本军国主义所提倡的那种国家观念。我希望韩国的孩子们无论走到哪里都为自己是个韩国人而感到自豪。

让我们再来看一看让所有韩国人都陷入水深火热的金融危机。当时国家无力偿还外债，可是很多韩国孩子却依然在街上吃着麦当劳汉堡包、喝着可口可乐、穿着耐克运动鞋。在那段经济生活相当艰苦的时期，以特许

经销方式进入韩国的每一个外国名牌，不知道卷走了我们多少外汇。

我们不能单纯去指责孩子，作为家长的我们也有不可推卸的责任。在严酷的现实面前，重新树立国家观念，可以坚定我们的信心。

在我的孩子还很小的时候，当时美国人很歧视在美国生活的东方人。在这种氛围中，在美国出生的第二代东方人对自己的血统很模糊，造成了很多内心上的矛盾。

为了让我的孩子在美国能够健康地成长，不失去作为中国人的根本和自豪，我倾注了很多心血。

我找到了一张让人一目了然的世界史图表，让孩子首先了解中国在世界史中所处的位置。我还把学校中被美国歪曲的中国历史部分一一加以指正和说明。

当然，我也让他们了解了韩国的历史，使他们对韩国也有了新的认识。他们知道了自己的根在中国，了解了养母的韩国是个什么样子。

在成长过程中，他们真正地知道了自己的根在哪里。在高中毕业时，他们在毕业证上的名字分别写的是南希·张杨、彼得·张杨、爱丽丝·张杨，这是他们自己提出这么做的。

虽然他们起的是美国的名字，但是他们知道他们是属于中国和韩国的，所以他们决心把爸爸和妈妈的姓氏都加在名字上。实际上，他们同韩国没有任何血缘关系，但是他们表示，从妈妈那里学到的东西，就相当于是韩国所馈赠的，在他们身上同样有着韩国的烙印。

孩子们的国家观念，一直伴随着他们长大成人，他们始终坚持着这一原则。无论何时何地他们都保持着这样的自豪感。这种自豪感成为他们肯定自我、发展自我的动力。

在数十年前，国家观念等同于爱国主义。近年来，尽管随着国家间界线的逐渐模糊，现在连民族的区分都已经不是很明确了，但是国家观念是一个人在这个世上必须拥有的要素。越是全球化，国家观念就越重要。

随着发达国家推行新殖民政策，现在无论在世界的哪个角落，吃的穿的都几乎相同。在中国，肯德基的牌子随处可见，去俄罗斯你也可以吃到麦当劳的汉堡包。这种现象使人们淡忘了自己的国家，忽视了自己的血统。这样一来，每个国家、每个民族甚至每个人的多样性都被埋没了。在世界的很多地方，人们的生活方式、生活习惯都在走向一致。

明确树立自己的国家观念，明白自己的归属地，有了国家做后盾，你才会建立起自信。从某种角度讲，这也是一个人能否取得发展、获得成功的重要因素。

妈妈们不要总是通过教科书和伟人传记去帮助孩子们建立国家观念。应该让你的孩子行动起来，让他们对着自己生活的这片土地大声说出："我是 ×× 国人！"这样有助于使国家观念深深地植根于他们的脑海里。即使孩子们长大成人后，无论在什么时候、什么地方、什么样的景况下，都不会动摇他们的国家观念。

有一个童话是这样的：

> 小象非常羡慕爸爸的长鼻子和粗壮的象牙。他总是想：我为什么这样难看呢？没有爸爸那样漂亮的象牙，也没有妈妈的高个头。我为什么这样矮？吃不到野果，也不能在瀑布下戏水……
>
> 小象向过往的其他动物询问："我怎么样才能和爸爸一样呢？"
>
> 过往的动物这样回答它："不要到处徘徊，好好想一想你现在所拥有的东西，仔细去体会其中的价值吧。"

对自己的认识是教不来也学不会的，只有让孩子自己去体会和创造。作为父母，我们不能强迫孩子认识自己，我们应该做的是让孩子自己去感觉，父母起到的是辅助作用。

授子以“鱼”，不如授子以“渔”

在有孩子的家庭，妈妈的一天通常是这样度过的：

早晨，为全家人做早饭，送丈夫出门上班后回房把孩子们叫醒，准备送他们去幼儿园。孩子们早上总是贪睡赖床不起，连哄带骗地把孩子叫起来送去幼儿园后，又得回家收拾被孩子们弄得乱七八糟的被褥，然后打扫房间卫生。

不知不觉又到了下午，该去幼儿园接孩子了。如果稍微晚一点，这群调皮的孩子不知道会闯下什么祸。

在幼儿园没有妈妈的看管，孩子们通常会吃一大堆零食，而到了晚饭时间他们就不好好吃饭了。不管妈妈说什么孩子们都听不进去，最后只得端着饭碗追着孩子到处跑，对调皮的孩子们来说，吃饭就像吃药一样痛苦。

好不容易一口一口把晚饭喂到孩子嘴里，接下来又要看着孩子们写作业。然后，还得监督孩子们刷牙洗脸。所有这一切都结束后，又得逼着赖在电视前的孩子们回房睡觉。

妈妈抚养孩子就像上战场一样，妈妈不但要送孩子上幼儿园或者学校，在家还要看着孩子学习、打扫房间、整理被褥、洗衣做饭……

世界上没有哪个国家像韩国一样，妈妈整天围着孩子团团转。韩国的孩子只能按照妈妈的话老老实实地去做，否则就被视为“坏孩子”。孩子要想做点自己喜欢的事情那简直是不可能的。妈妈总会说：“这个你别管，你只管学习就行了，剩下的妈妈给你做。”

自理才能自立，教会孩子成为生活的主人

我小的时候，在家里必须遵守几条原则：每天早晨起床必须自己整理房间，如果不整理，就不能去上学。我们每个房间都有一个铃，是父亲用来叫我们起床的。一听到铃声，我们马上就得起床整理被褥，简单地打扫一下房间，然后在门口等待父亲的检查。

“炳惠吃完早饭去上学，你们继续打扫房间。”

如果哥哥们偷懒，没有把房间打扫干净的话，父亲就会训他们。如果整理不好房间，就不能按时上学了。

还有一条规定就是内衣等小的衣物要自己用手洗。即使在寒冷的冬天也不能找别人代洗。我的母亲平时心肠很软，但是在这一点上，不知道父亲对她说了什么，即使在冬天最冷的时候，母亲居然也没有帮我们说过话。

还有一点就是，在家里吃饭的时候，没有人去叫你。一到吃饭的时间，不管你在干什么，都要赶紧去餐厅吃饭。如果过了吃饭的时间，就只有饿肚子了。父亲的方针是：不能因为个人原因，而给别人带来麻烦。

刚开始，父亲还总是说：“如果晚了，就不给饭吃。”有了几次挨饿的经历后，不用别人叮嘱，我们就都自觉地按时间自己盛饭吃了。

在这种教育下长大的我，更加明白孩子自立精神的可贵。自己的事情自己做，对孩子来讲是人生一笔宝贵的财富。

和父亲一样我也给自己的孩子们定下了规矩。孩子们要自己打扫房间、

洗内衣。晚饭时，爱丽丝和彼得负责端菜和洗碗，收拾餐桌，最小的南希负责在饭桌上摆筷子和勺子。

南希从小就喜欢撒娇，直到现在还经常像个小孩子似的。记得有一天，南希从幼儿园回来后，悄悄地跟我说：“妈妈，幼儿园留给我们的作业太难了，你帮我完成行吗？”

孩子寻求妈妈的帮助怎么能拒绝呢？而且又是学习方面的问题。当我翻阅了南希幼儿园所发的课本之后，我又改变了主意。我完全可以帮助南希完成作业，不过，我认为老师不会留超出孩子们能力范围的作业，老师留的作业有难度，肯定有老师的道理，所以应该让孩子自己来完成。

于是我对南希说：“妈妈也不太会。你一定能想出比妈妈更好的方法。而且，老师也希望你自己独立完成。如果你实在做不出来，可以去问老师，老师比妈妈解释得更好。”

南希立刻露出了不高兴的表情，我则故意装作无动于衷的样子。

不知道过了多长时间，南希不停地翻着厚厚的书，绞尽脑汁思考着老师留下的难题，看着她辛苦的样子，我不禁心软了起来。看着表针，我正在犹豫是不是帮她一次，孩子忽然长出了一口气，说道：“终于做出来了。”

“妈妈，我都做完了，不过还有几个不明白的地方，我明天去问老师。”

南希一边喝着水，一边嘟囔着：“比我想象的容易嘛……”

从那之后，南希从来没有因为作业向我求助过。她总是通过翻百科全书或者查阅相关的书籍自己解决问题。如果遇到实在解决不了的难题，她就会直接去问老师。她明白了如果尽了最大努力还没有把问题解决，并不是什么丢人的事。通过这种方式的教育，孩子们自己的事从不拖累别人。即使没有人督促，他们也会主动做自己力所能及的事。他们清楚自己能做什么事情，这是他们自立的关键。

美国的父母们让他们刚会走路的孩子自己穿鞋系鞋带。不管孩子需要多长时间，父母们从来不会去帮助孩子。只是默默地等孩子自己穿好。他们认为父母帮助孩子做事，是剥夺了孩子做事的权利。

不要剥夺了孩子自己做事的权利

一天，彼得手里拿着一个小本子走到我身边，这个本子是我让他写日记用的，用来锻炼他的写作能力。但是，拿着小本子的彼得情绪十分低落。我悄悄地看了看本子，上面什么也没写，还是一片空白。

“妈妈，我真的写不出来。我实在无法把我的想法写下来。”

一行也没写出来，我有些失望，孩子也叹了口气。我微笑着对彼得说：“没关系，彼得，经过几次失败，也许比第一次就成功更好。等你能写出来的时候，也许会更高兴呢。”

彼得比爱丽丝和南希做事更容易失败，他的心里有一种自卑感，和优秀的爱丽丝比起来，他始终缺乏自信。

现在我的头等大事就是帮助彼得找回自信心。如果害怕失败，无论如何也不会找回自信心的。经历失败之后获得的成功，才能够使人获得更强的信心。

在失败与成功的交替中，彼得的写作水平不知不觉地提高了，而他露出的笑容则更令我欣慰。他现在已经具备了自信心，不再害怕失败了。

在养育孩子的过程中，基本的母性是必需的。如果一位母亲连最基本的母爱都没有，那么她很难战胜抚养孩子的过程中所遇到的困难。但是有时母性也会蒙蔽妈妈的眼睛。

有一个和同龄人比较起来格外迟钝的孩子，从小时候起，他就经常遭到同龄人的戏弄，甚至连老师也瞧不起他。为此，孩子的妈妈非常痛苦，她想，怎样才能保护孩子不受伤害呢？于是，她不让孩子接触任何可能给孩子造成伤害或挫折的事情。她帮助孩子做作业；当孩子和同龄人在一起时，她不让孩子和其他人去竞争；当孩子羡慕邻居家的小朋友会骑自行车时，妈妈不是让孩子也去学骑车，而是说“妈妈给你买更好的玩具”。不久前，我见到了这位妈妈，她的眼里含着泪水说：“我的孩子现在什么事都不会做，等我死了之后，他可怎么办呀？”

这个妈妈就是从孩子那里剥夺了孩子自己做事的权利。

对于那些生活在妈妈的怀抱里，从未品尝过失败滋味的孩子们来说，他们会缺乏在这个世界上独立生活的能力。当今社会，青少年因为学习成绩、异性或金钱等问题而自杀的案例不胜枚举，而且案件数字有上升趋势，恐怕缺乏独立生活能力是其中一个非常重要的原因。

这些孩子的共同点就是：在碰到问题时不知道该如何解决，他们从小就一直处于父母的庇护之下，从没有体验过失败的滋味。

问题总是会突然出现的，到了青春期的孩子，会发生一些连父母也不便知道的问题。从未经历过失败和挫折的孩子，这时会很痛苦，而对突如其来的问题他们手足无措，找不出解决问题的方式，最终有可能选择极端的方法。

想一想，你的孩子是不是也存在这样的问题呢？不要事到临头，才后悔当初对孩子过于宠爱。你的孩子在成长的过程中也会遇到难以解决的问题，让孩子自己去经受失败的磨炼吧，只有这样，在今后遇到困难时，他们才能够做出正确的选择。

成为孩子生活的配角

对孩子来说妈妈的帮助是必要的。但是在孩子的生活里，妈妈无论任何时候，都只应充当配角，让孩子成为自己生活的主角。妈妈应当引导孩子拥有正确的价值观，能够独立生活。并不是说如果孩子没有经历过失败就什么都做不成，而是应当在失败后，妈妈能够帮助他们重新站起来。

孩子开始蹒跚学步的时候，妈妈总担心孩子会跌倒、磕着、碰着或者走到危险的地方去。但是，只有越过障碍，经过碰撞，孩子才能越走越快。不让孩子经过磕磕碰碰的练习，孩子只会在原地打转。

在抚养孩子时，要让孩子自己去领悟生活的真谛。在孩子背后推着他前进，不让孩子经历风雨，孩子只知墨守成规。当孩子遇到问题时，再埋怨孩子说："你怎么连这个都不会！"那就为时太晚了。很多妈妈始终没明白作为一位配角的意义。

不要成为孩子生活的主角，妈妈只是一个配角。在主角尽力做自己的事情时，配角的作用就是助孩子一臂之力。孩子在自己亲身经历成功与失败的过程中，会变得坚韧与自信，孩子在日后会明白这才是妈妈赐给自己的最好礼物。

妈妈知道多关怀孩子，却忘了教孩子关怀他人

在美国留学的时候，我在学校的餐厅里打工，主要是负责收拾碗碟杯子，把食物的残渣倒进桶里，然后把碟子送到厨房。

有一天，我端着一大堆咖啡杯子走进厨房的时候，因为实在太重了我没有拿住，结果一下子全部摔在了地上。我立刻绝望了，这下没法再打工了。这时管理员走到了我的跟前，他担心地问我："你还好吗？有没有烫伤？"

我连声说道："对不起！对不起！"

管理员接着对我说："今天真是不走运的一天。"然后就走了。

当天晚上，我给妈妈写了一封信。

"妈妈，我在家里一不小心打碎了碗碟还要受到责备，但是在异国他乡打碎了好几个杯子却还得到别人的安慰。"

我接着写道："美国真是个不同寻常的国家。这个国家的潜力大概就在这里吧！"

从那之后，我脑海里总是浮现出那位管理员的身影，于是，我做事更加认真，因为管理员的安慰使我重新找回了自信。这件事让我明白了，一个人的力量来自哪里，我应该以什么样的方式生活。

怀着这样的记忆，我希望孩子们也明白这个道理。因为关怀与给予是生活中最好的礼遇。正是为了培养孩子的这种观念，从他们很小的时候起我就让他们分担家务，兄弟姐妹之间互相帮助。

在日本的时候，为了减轻家务的重担，我们雇了一个日本的女孩子。这个女孩叫彩子，她有着同龄女孩子难有的仔细。

但是，在这个女孩来到我们家后，意想不到的事情发生了。在所有家务都有人做的情况下，孩子们经常把自己应当做的事也交给了彩子。以前从学校回来后，他们自己清扫房间，一起准备晚饭。但是现在他们开始偷起懒来。起床后，连被褥都懒得整理了。几天后，我觉得不能再让他们这样下去，于是把他们都叫到跟前。

"彩子来到我们家，给我们带来了欢乐。她就像我们的家人一样，你们却胡乱地使唤她。我非常感谢她，我想在她把自己的事情做好的前提下，送她去学校上学，你们要帮助她。"

"那么谁来打扫我们的屋子呢？"孩子们惊讶地追问我。我没有回答他们，对不知所措的彩子说："房间每天不用打扫那么多遍，晚上放学回来打扫一次就行了。可能对你来说很辛苦，但这也是为了你好，你要坚持下去。"

按照我说的，我带她去打字培训学校报了名。从第二天起，早晨她和我们一起从家里出发，在学校里上完课后，下午回到家里做家务。

出乎意料的是，彩子把房间打扫得更干净了。两年后，彩子结束了在学校的学习，成了一名优秀的打字员，不久她离开了我们家。一个小小的关怀，却改变了她的一生。

已经步入中年的彩子，现在还常常给我打电话，问候我们全家。虽然她每次都向我说谢谢，但是，其实从内心里我也很感谢她。如果没有和她相遇，我的孩子们怎么可以学会如何关心别人、为别人付出呢？因为彩子的事，孩子们学会了关心别人，在他们今后的生活中，这起到了很大的作用。两个女儿成为维护委托人权益的律师，而彼得成为一名出色的CEO，在他的带领下，职员们忠诚团结，为了公司的理念努力奋斗着。

怎能期盼自私的孩子长成一棵大树

为他人付出并不像说的那么容易，因为有的时候，给予和关怀会涉及自己的直接利益。尤其是现在这个竞争的年代，为别人付出往往会被认为是傻瓜。这只是一些鼠目寸光之人的想法，实际上，没有付出、给予和关怀，就很难在这个世界上生存下去。

21 世纪是个人主义的时代。随着时代的发展，人们越来越重视个人能力。而在这个时代，更需要能够协调人际关系的人。也就是说，需要专业技能的同时，也需要能够同别人建立密切的关系，将个人意见综合起来的能力。

最近，各个企业对 21 世纪的领导者提出了“servant leadership”的概念。“servant”即仆人，“leadership”即领导能力。“servant leadership”即“仆人式领导力”的意思。这意味着，今后受人关注的领导者不一定是那些会下达指示，具有领袖气质的人，更多的是可以为整个团队的未来和个人的成长服务、促进协作的人。

现在是强调个性的时代，但是能够将个性和特性整合在一起的领导者才是未来领导者的发展方向。根据著名的时事杂志《财富》调查，在世界排名前 100 强的企业中有 1/3 的企业把“仆人领导力”战略，作为经营哲学。

我们有必要认真思考一下“我”与“我们”的关系，不能将目光只停留在个人的利益上，在索取的同时，也要学会给予别人。给予不是我们必须遵守的道德规范，但在当今人际关系错综复杂的世界中，给予是一个重要的生存武器。

我们的社会，现在只强调孩子自身的成长和发展，一切都是为了自己。而事实上，**强调自我、排斥别人的教育，将会把孩子推向一条不归之路。**

妈妈们现在的教育方式也脱离了社会的现实。好吃的东西都留给自己的孩子，从不会教育孩子和朋友一起分享；如果自己的孩子被别的孩子欺负，往往会拉着孩子找到人家不依不饶地“讨公道”，甚至会在别人家里动手打架。父母的这种教育方式，会使孩子在同别人交往的过程中无法正确处理好人际关系。不会谦让与关怀别人，在步入社会后，只为自己不顾他人的自私心理，有可能会成为引发冲突和矛盾的导火索。这样的孩子怎么能成为未来社会的栋梁之材呢？

别让你的孩子成为“光杆司令”

我是怎样教育我的孩子们学会关怀他人、给予他人的呢？

孩子们小的时候，美国流行饲养宠物。孩子们缠着我给他们买一只宠物荷兰猪。最终，禁不住孩子们的央求给他们买了一只。

“荷兰猪是有生命的动物，和你们平时玩的玩具不一样。你们要像对待朋友一样对待它。”但是，尽管孩子们很喜欢这只荷兰猪，却没有好好照顾它。他们把它关在脏脏的笼子里，还总是忘了喂食，对荷兰猪的死活也漠不关心。于是，有一天我对孩子们说：“今天没有晚饭吃了。你们不好好照顾荷兰猪，好几天没有喂它了。你们也饿一顿，体会一下小荷兰猪是多么的痛苦吧。”

孩子们全都沉默了。他们很快给小荷兰猪换了一个清洁的新“住处”，还给它的窝里放上我们吃的菜，水槽里加满了水。

从那之后，我开始注意培养他们帮助别人、关心别人的习惯。我让他们明白自己小小的付出，会给别人带来无限的快乐。

有一天，我对正在擦洗厨房水池的彼得笑着说：“彼得，谢谢你！妈妈可以休息一下了。你这样帮妈妈，妈妈心里很高兴。”看着妈妈的笑脸，彼得也露出了灿烂的笑容。我想，在那一瞬间，彼得肯定也明白了别人快乐自己也快乐的道理。从那以后，彼得不只是对我，连爱丽丝和南希的事也乐于效劳了。

关怀别人、给予别人并不一定非要做出多么伟大、多么了不起的举动。带领孩子们去养老院或者孤儿院做义务劳动当然是关怀别人的体现，但我们毕竟不可能每天都去这样的地方献爱心，所以，关怀别人、给予别人最基本还是在日常生活中的小事里得以体现。

在释迦牟尼轶事中有这样一个“无财七施”的故事：

> 一个人跑到释迦牟尼面前哭诉。
>
> “我无论做什么事都不能成功，这是为什么？”
>
> “这是因为你没有学会给予。”
>
> “可我是一个一无所有的穷光蛋呀！”
>
> “并不是这样的。一个人即使没有钱,也可以给予别人七样东西。
>
> 第一，颜施，就是用微笑与别人相处；
>
> 第二，言施，就是要对别人多说鼓励的话、安慰的话、称赞的话、谦让的话、温柔的话；
>
> 第三，心施，就是要敞开心扉，对别人诚恳；
>
> 第四，眼施，就是以善意的眼光去看别人；
>
> 第五，身施，就是以行动去帮助别人；
>
> 第六，座施，就是乘船坐车时，将自己的座位让给老弱妇孺；
>
> 第七，房施，就是将自己空下来的房子提供出来，供别人休息。如果你有了这七种习惯，好运会随之而来的。”

让孩子明白：**不经意的称赞、善意的目光、小小的牺牲和谦让也可以给别人带来快乐。**

现在，你可以做出选择了：是让孩子在激烈竞争中，做一个踩着别人向上爬的光杆司令，还是让孩子在充满关怀与给予的生活中获得力量呢？

把孩子推出门，从现实生活里磨炼坚强意志

有一天，从小就身体虚弱的彼得突然对我说：“妈妈，请你同意我从明天开始去送报纸。”

当时，彼得在夏威夷最有名的普纳胡高中上学，在那里聚集了大批优秀的学生，学校的功课相当繁重。

彼得为什么忽然想起要去送报纸呢？在这么重要的时期，彼得提出这个要求让我很为难。经不住彼得诚恳的请求，最后我同意了他的想法，不过我给他提出了一个要求。

“如果你真的喜欢，那就去做吧。但是既然决定做了，你就要坚持到底，不能中途退出。”

几天后，彼得真的去送报纸了。其实，送报纸是一份很辛苦的工作，每天凌晨 3 点别人还在熟睡的时候，他就要去报纸配送站领报纸，然后骑着自行车将报纸送到各个居民点。送完报纸后再去学校上学。

那时候恰巧孩子们的奶奶住在我家，奶奶很担心孙子，彼得起床后，她也一起起床，一定要为孩子准备早餐，否则她自己也睡不着觉。而且在孩子不在的时候，她还责备我不是一个好妈妈。指责我让一个刚刚 15 岁的孩子做这么辛苦的事情。我是这么回答她的：

> 妈妈，这是孩子在成长过程中必须经历的事情。彼得以前身体很虚弱，通过送报纸，他现在身体变结实了，精神也很好，这不是什么坏事。

我虽然对孩子的奶奶这么说，其实自己心里也非常担心。爱丽丝和南希也非常担心彼得，每次下大雨或者刮大风，她们都悄悄地跟在彼得后面，看着他离开家门。

在一边学习，一边送报纸的过程中，彼得从没有说过放弃。在彼得送报纸的时期，我没有开车送过他，也没有劝他："别干了。"彼得送报纸一直到中学毕业，足足坚持了 3 年。

那段时间对我来说也是一个考验，每次心里实在忍受不下去的时候，我就安慰自己说："这将是孩子最宝贵的财富。"彼得就像了解我的心思似的，在高中时期，他的成绩没有一点退步，身体却越来越强壮。送报纸也是一份需要讲信用的工作，彼得在结束这份工作时，被评为"最优秀报纸配送员"。我现在还经常想起，彼得像演杂技似的握着车把，踩着脚蹬送报纸的样子。

妈妈住院的费用来自孩子打工所得

在彼得中学毕业后不久，我的病频繁发作，不得已需要住院。正在我收拾东西时，彼得递给了我一沓钱："妈妈，用这个钱住最好的病房，不要用别的钱，一定要用这个钱。"

彼得递给我的钱是他 3 年送报纸挣来的，我对他说："这是你辛苦挣来的钱，你自己留着用吧。"彼得摇了摇头："如果只是想着这是 3 年送报纸挣来的钱，这钱没有一点意义，妈妈用了的话，我才会高兴。"听到孩子的话，我的眼泪顿时夺眶而出。

在彼得的带动下，放暑假的时候，南希也突然要求去夏威夷近郊的一个菠萝农场去打工。

对于南希去菠萝农场打工的事情，我没有任何犹豫，通过彼得送报纸的事情我明白了，这绝不是白白地浪费时间，而是一种体验、一笔财富。我只是叮嘱她既然做了，就一定要做好，要用心去做。

在阳光的暴晒下，在一眼望不到尽头的菠萝地里工作，对一个小女孩来说，是一件非常辛苦的事。

假期结束后，南希说："比起辛苦的劳动来说，能在这种漫长而又令人厌烦的工作中坚持下去才是最难的。"

对从来没有经历过这种事情的南希来说，这是一份难以想象的工作。但是，南希最终坚持了下来。南希在工作中得到了用金钱无法买到的东西，我为她感到自豪。

培养孩子的冒险精神

在外国人眼里，韩国人有些做法令他们很吃惊。一是支配韩国社会的大男子主义，另外就是妈妈们为孩子的献身精神。几乎所有家庭中，孩子在结婚前都生活在父母家，还是由妈妈做饭，照顾生活起居。对美国人来说这是不可思议的。在美国，高中一毕业，孩子们就宣布独立了。因此，他们对韩国的家族文化很难理解。

我倒是觉得韩国的家族文化更有人情味。受美国文化的影响，我的孩子们很早就离开家去独立生活。但是，如果有机会，我很希望和他们在一起的时间更长一些。

但另一方面，我更为我们这种文化感到担心。如果把美国 20 岁的孩子和韩国 20 岁的孩子作比较，就会发现我的担心是不无道理的。

美国 20 岁的孩子去一个从未去过的地方，即使身无分文，也绝不会令人担心。他们会直接找附近的加油站或者饭店去打工，就算找不到合适的地方，他们也会向主人直接说明自己的情况，寻求帮助。

而韩国 20 岁的孩子呢，他们会马上向家里人求助，要求赶快把他接回家。

我们的孩子有一个通病就是在困难面前，吝惜身体，缺乏冒险精神。妈妈应该明白，这看似不是什么大事，却可能使孩子成为一个时代的废人。

在彼得和南希打工结束后不久，他们相继离开了我的身边。当时，爱丽丝正在上大学。彼得在高中毕业前接到了耶鲁大学的入学通知书，之后不到一年，南希也去了耶鲁大学。

现在，我一点也不担心走上自己道路的 3 个孩子。他们有敢于冒险的精神，他们有坚持到底的毅力，我还有什么可担心的呢？我完成了作为妈妈该做的事。

我相信我的孩子们在大大小小的问题面前，不会轻言放弃，也不会感到挫折，因为在他们的成长过程中得到的种种宝贵经验，在他们心中已经成为屹立不倒的磐石。

延伸阅读

别让你的孩子成为无法养活自己的"啃老族"

现在很多年轻人即使大学毕业了，也不去找工作。人们把这样的人叫做"啃老族"和"半失业族"。

"啃老族"的家庭一般都比较殷实，他们可以花家里的钱。但是，由于他们没有任何人生目标和动力，也就没办法拥有长久而稳固的人际关系。又由于没有朋友，只能到处闲逛，或者躲在房间里昏天黑地地打游戏。渐渐地，他们就会被排斥到"日常生活的范围"之外。而"半失业族"则是不找固定的工作，只是当日挣钱当日花，把剩下的时间用在自己的兴趣爱好上。这群人身上也存在一些弊端，那就是一旦在工作上遇到小小挫折，就很轻易放弃，显得缺乏责任感。而且，他们常常将职场中的人际关系视作负担，不能很好地适应社会。

这群人当初是为了尽情地做自己想做的事情才选择了自由兼职这条路，但是时间长了，只会落得个"挣一天钱吃一天饭"的可悲情景。更可怕的是，他们会在受到挫折或者失去动力之后，彻底结束兼职生活。而失去工作的他们，只好回家关起房门，每天与游戏和电视为伴。

无论是"啃老族"还是"半失业族"，他们从小就没有在现实生活中磨炼自己的意志。所以，身为父母，一定要鼓励孩子外出打工，将孩子推出家门，从小培养他们的独立意识。

第 4 章

改变孩子先从改变自己开始

我经常听到妈妈们抱怨："我们得做家务事，还得照顾孩子，没有时间看书。"但孩子会在心里想："妈妈都不读书，凭什么逼我读书？"

妈妈们每天重复单调而繁重的家务劳动，难免会抱怨，"累、辛苦、生气"几乎成了她们的口头禅。但是如果父母不以身作则，怎么能让孩子在自己的潜移默化下健康成长？

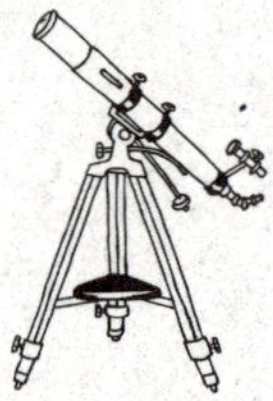

妈妈的信任是灵丹妙药

孩子们上学的时候曾经发生过这样一件事。当时，在我们家院子的一个角落里，单独建了一个书房用来学习。通常吃完饭后，如果没有什么事，我就会去我的书房写论文，或准备第二天给学生们上课的讲义。孩子们也经常在我旁边看书或者做作业。

“我信任你”比责骂更能起到警示作用

有一天，学习了一会儿后我在院子里散步，忽然发现在角落里有什么东西。走近一看，竟然放了满满一堆酒瓶子。我的心一下子被提得老高，我和丈夫因为身体原因，一辈子也没有沾过酒。这些酒瓶是谁喝完放到这里的呢？这肯定是谁偷喝了酒，怕被人发现藏到这里的。美国的孩子们从小就接触烟酒，我的孩子们哪一天出于好奇心去尝试一下也是正常的。

我首先怀疑的是彼得，作为刚上高中的男孩子，肯定想去尝试一下喝酒的感觉。当我问书房后面的酒瓶是不是他放的时，他露出很惊讶的表情，一个劲儿地摇头。最后，我把孩子们都叫到了跟前，用平静的语气问他们酒瓶的事。

“我们都不知道。”

尽管我再三追问，孩子们还是这样回答。我本来以为肯定会有一个孩子承认自己的错误，但是，最终谁也没有承认，我反而不知道该如何处理了。既然没人承认，我也不能冤枉了孩子们。仔细考虑了一会儿后我对他们说：“妈妈相信你们。”

我是想用我的信任来对他们提出警告。如果他们中的一个人在妈妈面前撒了谎，他会因为我的信任，而产生负疚感，这将是最大的惩罚。

孩子在犯错误的时候，对他说“我信任你，这次做错了，下次就不要再犯同样的错误”远比大声的责骂更能起到警示的作用。得到别人信任的人，在犯了错误的情况下，会更加自责。他会审视自己的错误，对自己进行反省，并下定决心下次不再犯同样的错误。

在这件事之后，孩子们再也没有发生过类似的事情。妈妈的“我信任你们”这句话，在他们心中留下了不可磨灭的印象。3个孩子长大成人后，除了必要的场合，他们一点烟酒都不沾。

有时需要对孩子睁一只眼，闭一只眼

我的孩子们在成长的过程中，从来没有出过什么大的问题。他们没有半夜和朋友们去闲逛，也没有在学校里惹是生非。有时我甚至担心他们是否会对这样的生活感到枯燥。我问他们对妈妈有什么不满，他们笑着说：“妈妈这样信任我们，我们非常感谢你，我们不会有其他想法。比起妈妈的生活来，我们的生活要丰富多了。”

当然，孩子在成长过程中也不是十全十美的。小时候的南希经常说谎，还会告姐姐和哥哥的状。

我从没有当面指责过她，即使知道她在说谎，我也是装作不知道。孩子做什么，有她自己的理由。了解了孩子做事的理由，才能更有效地帮助孩子改正错误。

纠正孩子的错误，不要马上去训斥他们。最好过几天再婉转地向孩子表达，让他们感觉不到压力。

“我知道你们中有一个人总是说谎。不久前，她跑到我这里说了很多事情，但都不是事实。说谎话是不对的，不过我不知道她为什么那么说。”这样婉转的批评比严厉的训斥更加有效果。犯了错误的孩子会改正自己的错误，没有犯这样错误的孩子，也会认真审视自己的行为。

当然，聪明的孩子们不会认为妈妈这么说，是因为没有察觉出他们的错误。他们明白妈妈没有直接指出错误，是给予了自己充分的信任。他们会自觉地改正，保证不再犯同样的错误。

如果我将酒瓶事件一追到底，不管三七二十一责备说谎的孩子，并不能从根本上解决问题，相反会使我和孩子之间产生隔阂。

在教育孩子的时候一定要采取一些策略。有时候需要对孩子的行为睁一只眼闭一只眼，装作没看见。即使孩子没有达到预期的要求，也要给予孩子信任，孩子应该是在妈妈的信任中成长的。

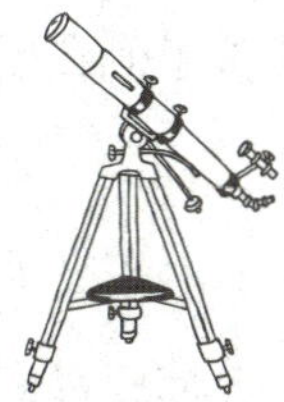

多问孩子“为什么”，少说“我知道了”

在孩子们小的时候，每到发成绩单的那天，家里都要举行一场家庭晚会。随着孩子们的年级越来越高，学习成绩也越来越好，家庭晚会就成了对他们学期中努力学习的一个奖励。

所谓晚会，也就是大家一起吃吃零食，做一些想做的事情，放松一下。

孩子们最喜欢看电影，为了那天能看到自己喜欢的电影，孩子们准备了好多平时想看却没时间看的录像带。到了那天晚上，一下要连续播放好几部。

养成观察与思考的习惯

每看完一部电影，我总要对孩子们提出一些问题。

“孩子们，刚才的电影有意思吗？”

在他们各自说完自己的感受后，我又接着问：

“人物演得好吗？”

“情节不够紧凑是吗？”

“导演为什么会选那个场景？”

我不只问他们看电影的感觉，还要问他们电影中具体的场面。就像读完一本书后写读后感一样，我让孩子们在看完电影后自己对电影情节进行分析。

最初，孩子们只是单纯地去看电影，对妈妈的提问随便地回答一下就完了。后来因为每次看完电影后我都要提问，孩子们的态度也开始认真起来。他们为了能够回答我的问题，已经不是单纯地看看热闹而已了，而是对每一个场景、每一个情节都在脑海里进行一番思考。

孩子们没有任何负担，享受着看电影、分析电影的乐趣。他们也逐渐明白即使是看电影，也能从中学到很多知识。

这种提问不只在看电影，每次电视中插播广告时，我也引导孩子们进行一些思考。

这个商品这样做广告，厂商希望得到什么样的宣传效果呢？

那个商品含有什么成分？

无论什么样的提问，只要孩子能说出自己对广告的看法就够了。

请家长们尝试着培养孩子观察事物的习惯吧。这种思考可以延伸到生活的各个领域。买东西时，也不是走马观花似的转转就完了，可以让孩子思考一下货架是怎样的构造、为什么这样做，来这里顾客的年龄层，类似的问题无穷无尽。

刚开始的时候，我只是为了培养孩子们的思考习惯。但是，小小的提问所带来的效果着实令我大吃一惊。具备了思考与观察能力的孩子们，在学校解决问题时的思路也发生了变化。

这个问题的意图是什么？应该怎样最快、最准确地解决……孩子们总能从多个角度去思考问题。这种能力不仅仅停留在解决学习难题的方面，当孩子们因为小事打架，事情过后，他们也会思考一下打架的原因，审视一下自身有没有错误。

在看事物的时候不应该只看它的表面，而且要看透事物的本质。在平时的观察思考中，就可以培养出孩子这样的才能。具备了这种才能，孩子们在成长过程中，遇到大的问题时，才可以正确把握情况，想出好的对策。

让孩子从多个角度思考问题

彼得在耶鲁大学毕业后，在一家公司上班。有一天，他忽然面色沉重地对我说："妈妈，现在公司的工作不错，但是为了将来能有更好的发展，我想有必要再去进修一下，我想辞去现在的工作。"

我支持他的想法，于是彼得辞掉了工作，为自己更高的目标去奋斗。不久，他以第一名的成绩，考取哈佛大学商学院。经过 2 年的刻苦学习，彼得又以第一名的成绩毕业。

现在，彼得在曼哈顿开创他的事业。大学时期所学的会计学和在商学院所学的经济管理学使他工作起来得心应手，在经济不景气、许多公司倒闭的情况下，他的公司依然屹立在曼哈顿的市中心。如果当时他没有选择辞职再进修的话，恐怕现在还在那家公司过着平庸的日子。他辞职进修的决定是非常明智的，而他当时的判断完全得益于从小养成的观察和思考能力。

不能让孩子在回答问题时总是一味地说："是"或者"不是"，应该多问他们一些"为什么"，在想问题的时候，培养他们从多个角度思考的习惯。脑子里存的疑问越多，思考的问题也就越多。因此，家长应该教会孩子在自己没有完全理解的时候，不要轻易地说"是"或者"不是"。

孩子们如果能够问出大人们出乎意料的问题，或者做出出乎意料的行为，未尝不是一件好事。这时候不要对孩子说："你才多大，问这个干吗？"经常问"为什么"的孩子，自己首先会寻找答案。这样可以培养孩子的思考力和推理能力，以及多角度观察新事物的能力。因为经常做出令人意想不到的行为而被早早赶出了学校的爱迪生，以及从小就与众不同甚至被别人看成傻瓜的爱因斯坦不就是很好的例子吗？

平时只知道按照父母的话去做，没有养成独立思考习惯的孩子最后都会受到思维的限制。孩子年幼的时候，一切按照妈妈的意思去做，也许还不会出现什么问题，一切看起来似乎还挺顺利。但是随着学习越来越需要思考能力和应用力时，孩子的思维就逐渐跟不上了。不只是学习成绩，在生活中也会出现各种问题。

现在的世界是思考者的世界。只知道按照别人的话去做，没有自己思想的人迟早会被淘汰。当今世界是一个没有规律、时时充满变数的世界。

我希望那些只会培养孩子说“是”或者“不是”的妈妈，多问孩子一些“为什么”。为什么那样做？为什么那么想……

妈妈在问这些问题的时候，孩子们可以尽情地思考，自己找出答案，树立起解决问题的信心。

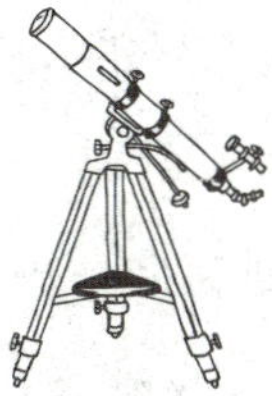

和孩子一起建立“边界感”

一个人只有具备诚信的品格才能获得成功。当然，也有人依靠权术和旁门左道积累了大量的财富，但是这样的人一般不会有什么好下场。俗话说：“玩火者必自焚。”玩弄权术和旁门左道的人，最后还是会掉进自己挖的陷坑之中。从最近几年的新闻报道中，我们可以看到很多贪污腐败的官员受到了应有的制裁，我想这就是自作自受的结果。

在 21 世纪的共同体社会中，具备领导能力的人才会成功。没有领导能力，只靠阴谋权术欺骗他人的人，迟早会遭到社会的淘汰、众人的唾弃。

培养孩子用阴谋权术周旋于这个世界，还是培养孩子的基本素质？这完全取决于父母的选择。想培养孩子的基本素质，就应当同孩子们约法五章。

第一，制定规矩

结婚后没有几天时间，我就开始感到很为难，因为孩子们在家里没有一点规矩。孩子们的爸爸不是去参加学术会，就是去参加讨论会。孩子们以前都是分别寄养在别人家里，心里只有自己，没有兄弟姐妹的概念，更不懂得关心别人。我们在一起生活后，就像几个陌生人住在一起的感觉。我是为了抚育这 3 个孩子才决定结婚的，但是，究竟该怎样做，我一点头绪也没有。

于是我开始寻找办法，计划制定一些“规矩”。冷不防就向孩子们宣布“规矩”，肯定会招致孩子们的反感。在经过了一番深思熟虑后，我决定在必要的时候，一点一点地提出来。

首先，我从吃饭的问题上开始。以前，在准备饭菜的时候，孩子们什么都不管，于是我要求他们一起来准备，并规定了吃饭的规矩。在制定吃饭的规矩之后，又宣布了就寝和起床的规矩。在给了孩子们足够的适应时间后，规矩又扩展到自己清扫房间、整理衣物、打扫厕所等日常生活起居的各个方面。

在日常生活的过程中，我让孩子们逐渐明白了制定规矩的重要意义，教他们慢慢去适应，这比一下子宣布好多规矩，更容易让孩子们接受。明白了其中的道理后，孩子们接受这些规矩后也会自觉去遵守。当他们不遵守规矩的时候，我也会采取一些适当的惩罚措施。**通过制定规矩，可以让孩子们对自己的行为负责，培养他们的自律能力。**

妈妈总是想让孩子们自由地生活，因此在各个方面对孩子都加以袒护。如果看到别人批评自己的孩子，有的妈妈甚至会大声喊：“又不是什么大不了的事，你在孩子面前耍什么威风呀！”

有些妈妈为了不让孩子受委屈，无论孩子要什么都会满足他们的要求，她们以为这样做就是给了孩子自由。在妈妈的庇护下成长起来的孩子，以为世上所有的东西都是自己的，当别人超过自己的时候，只会充满嫉妒。

不对孩子进行任何约束，就是给他们真正的自由吗？事实上，自由是相对的，真正的自由只有在有节制的生活中才能体现出来。

想一想，在一个社会中没有任何规范和法规，还有自由可言吗？犯罪率会急剧上升，普通人在晚上都不敢出门，没有了规则反而失去了自由。我们生存的社会正是有了某种程度的约束，才能维持现在的自由。

一个家庭也是同样的道理，家庭就像一个浓缩的社会，也有自己的规范和规矩。如果没有规矩，孩子们想做什么就做什么，会使孩子们的思想和行为变得散漫。想给孩子真正的自由，那么就要制定适当的规矩。在这一系列规矩中，让孩子自由地生活。但是，在享受自由的同时，孩子也必须学会对自己的行为负责。妈妈在制定家庭规矩的时候，要区别于一般的规矩，应当在孩子能够接受的范围内制定，如果孩子们接受不了，强迫孩子们遵守，就会给孩子们戴上无形的镣铐，令孩子们无所适从。

第二，不要轻易改变规矩

孩子们上学期间，不管发生什么事，晚上 9 点必须上床睡觉，这是我对孩子们就寝所做的规定。有一天，到了该睡觉的时间，爱丽丝怯生生地对我说：“妈妈，明天有一个重要的考试，今天晚睡一会行吗？”

我很坚决地回答：“既然知道明天有考试，今天白天就应该好好地复习功课。为什么要占用睡觉的时间复习呢？快点关灯睡觉去吧！”

爱丽丝的眼泪都快落下来了，但是我还是坚决地摇了摇头。第二天，爱丽丝没有复习完功课就去参加考试了。

我坚持让孩子们养成良好的作息习惯，是因为我很了解孩子们，如果没有休息好的话，第二天上课就会打瞌睡，不注意听课，还会降低免疫力，容易得感冒，严重影响日常生活。

也许有人会说孩子是要学习，有必要这样小题大做吗？我却不这么认为。在美国，学生除了上课的时间之外，还有很多自由时间可以自己支配，学生们有很多的复习时间。我问爱丽丝在自由时间干什么了，她却回答不出来。

“爱丽丝，如果明天考试没有考好，不是因为晚上没让你复习，而是你今天白天没有复习。我们在很早以前就约定好了睡觉的时间。没有时间复习是你自己的责任。”

我现在已经记不清爱丽丝那次考试的成绩了。一直以来作为优等生的爱丽丝，在没有充分复习的情况下去考试，还是第一次，这给她带来了很大的冲击。

当然，如果我让爱丽丝占用睡眠时间去复习也未尝不可。不过，这样做就等于给了爱丽丝一个心理上的借口，没准下次考试之前她还会在课余时间和朋友们去玩，而耽误了复习。幸运的是爱丽丝在这之后再也没有因为要复习功课而要求晚睡过。

有些妈妈在孩子第一次犯错误的时候，只简单地警告他一句：“下次不要再犯错了。”

而当孩子再犯同样的错误时，却大发雷霆，甚至体罚孩子，这样的做法是极其错误的。因为这会使孩子感到十分困惑，他们会在心里想：为什么妈妈两次的态度截然不同呢？为什么我犯相同的错误，第一次可以幸运地躲过去，第二次却要受到训斥。

长此以往，孩子就会发现规定之外还可以法外施恩。妈妈的心情不同，规矩也不同，这样的规矩还不如没有。在孩子心里，就会没有了规矩的概念，只会去揣摩妈妈的心情，也就是说要看妈妈的眼色行事。因此，和孩子一起制定的规矩，一定要坚持遵守下去。

要让孩子明白规矩的重要性，就一定要坚决地执行规矩。坚决地遵守规定是帮孩子打好根基的基础。

第三，必须遵守约定

在夏威夷生活的时候，爱丽丝、彼得和南希放学的时间不一样，我们总是约一个时间，然后由我开车把他们一起接回家。有一天，我等了很长时间，他们也没有出现。透过车窗，我看见他们正在和各自的朋友聊天。一时聊得高兴，都忘记了妈妈在等他们。当时的通信不像现在这样发达，还没有移动电话，也没有网络聊天，孩子们在一起总是聊个没够。但是每天在约定的时间大家一起回家是我们制定的规矩。

我从车上下来，走到孩子们的跟前用平静的语调说：“我先回家了，你们和朋友们尽情地聊吧，聊完了自己回家。”

于是我抛下 3 个孩子自己一个人开车回家了。从学校到我们家，如果走路的话，足足需要 2 个小时。我虽然对孩子们自己走这么长的路也很担心，但是我想这是他们违反了约定而应该受到的惩罚，不能因为个人的原因而破坏了约定。

几天后，孩子们对我说：“妈妈为我们做出了那么多的牺牲，我们却只想到自己，真对不起！”

“约定最重要！即使是家里人的约定，也一定要遵守。因为家人之间更需要信任。”

有人也许会认为家人之间，不必这么小题大做。但是，我认为越是家人之间，越需要信守约定。因为一家人生活在一起，需要用彼此的信任来连接，彼此间的信任正是通过信守承诺来实现的。

父母要履行对孩子许下的诺言，这样孩子才会信赖父母。孩子遵守向父母的承诺，父母才会相信孩子。如果不遵守承诺，也就没有信赖可言，这样父母和孩子之间的关系就会出现裂痕，破坏家庭的稳定。

第四，学会关怀别人

如果没有什么特别的事情，我外出的时候一般都乘坐地铁，因为既快捷又省钱。

在乘坐地铁的时候，我经常看到这样的情形：小孩子穿着鞋在椅子上跳来跳去，妈妈却不管不问，有时候弄脏了旁边人的衣服连抱歉都不说一声。我常想，如果这样教育孩子的话，孩子长大后会变成什么样子呢？

不只是在地铁里，在饭店里也经常发生类似的情况。孩子们大呼小叫、跑来跑去地妨碍他人，父母们没有制止孩子的意思，只顾着自己吃饭。

可以看出，这些父母非常疼爱自己的孩子，但是他们为什么不想一想这样会给别人带来多少不便呢？孩子长大后又会变成什么样子呢？一个人不能脱离社会而独立存在，需要和别人建立各种关系，抚养孩子的妈妈也是，在妈妈怀抱中长大的孩子也是。在温室里长大的孩子，以后很难再融入社会。只顾自己的孩子，很难处理好同别人的关系。

家庭也是一个浓缩的社会，实际上，让孩子认识到自己是社会的一个成员以及如何同别人和谐相处并不难。让孩子学会关心别人，知道除了自己之外还有很多人共同生活在这个社会里。这样，当孩子在同别人打交道时，就不难建立良好的关系了。

第五，养成好的语言习惯

通过一个人的言谈，我们可以看出这个人的素质和地位。在美国有高级英语和低级英语之分。高级英语是指有知识的人用的语言，低级英语则是在曼哈顿黑人聚居的哈林区最常用的。低级语言里充满了低俗的俚语和骂人的脏话。

在美国，高级语言和低级语言的区分很明显，通常情况下，通过使用的语言可以评价一个人。即使知识渊博的学者，如果说一口低级的英语，人们对他的评价也会一落千丈。无论你有什么样的才能，如果没有一个好的语言习惯，就会被人们认为是一个没有素质的人。语言习惯的重要性不仅在美国，在世界上任何一个国家都是一样的。

可是，现在韩国人的语言习惯如何呢？近些年来，韩国人在说话的时候，脏话满天飞。在大街上，人们的对话基本上都是以脏话开头，以脏话结束。

不只男女老少，甚至幼儿园的孩子们也是满口脏话。我一直很担心孩子们会学到这些难以启齿的脏话，但是，大人们整天脏话连篇，怎么能保证孩子不去学呢？

自古以来，就有“字如其人”之说，一个人的书法好，往往能反映出一个人的素质高。而语言也有同样的功能，因此也有“言如其人”之说。

一个人的言语，不但能反映出他的知识水平，还能反映出他的修养与为人。再漂亮的女孩，如果满口粗话，人们也会认为她是一个低素质的人。一个人学问再高，如果一口粗话，人们也会说他有能力没修养。有很多人已经认识到自己不良的语言习惯，并试图去改正。但这并不是一件容易的事，语言习惯不是一朝一夕就能改掉的。

俗话说“三岁看老”，小时候的语言习惯将决定一生的语言习惯。孩子在开始学习说话的时候所听到的话将决定他的语言习惯。培养孩子的修养，要从语言习惯开始，而且最好在孩子刚学说话的时候开始。

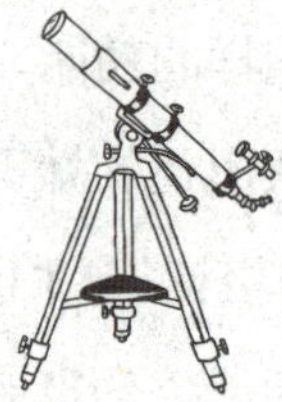

孩子照样学样，父母要做表率

通过孩子可以看出父母是什么样的人。从孩子的行为举止可以看出父母是什么样的人品、怎样教育孩子的。

孩子在成长过程中是通过模仿，从生活中一点一滴地学习和积累人生经验的。模仿的对象主要是自己最亲近的人。孩子从小学到的东西对今后的成长有很大的影响。这就意味着家庭教育，占据孩子成长过程中很重要的一部分。

不管在学校或幼儿园接受多么好的教育，如果父母没有一个好的表率，那么孩子就会在现实与所学到的东西之间徘徊，最后很可能选择现实中所看到的、听到的。

但是，韩国的妈妈们不注意自身的行为，而对孩子的一举一动却很敏感。为了让孩子们能够健康茁壮地成长，妈妈首先应当起到正确的表率作用。

妈妈在教育孩子的过程中，自身文化程度的高低并不是最关键的问题，因为妈妈不是教孩子知识的老师，而是孩子行动的榜样。通过妈妈的行为，孩子可以学习到在学校和幼儿园学不到的东西。

第一，小事也要尽心

韩国人十分不善于表达自己的感情，丈夫对妻子连“我爱你”都羞于启齿，妈妈和孩子也是这样。妈妈对孩子的爱是不言而喻的，但是，孩子可不一定这么认为。如果稍微不注意，就可能会使孩子错误地认为妈妈是一个只知道督促学习、训斥自己的人了。

也不要以为只说一句“孩子，我爱你！”就可以让孩子理解妈妈的苦心。在抚养孩子的过程中，一句话，不如一次行动更有效。说一句“妈妈很担心你，有什么问题跟妈妈说”不如采取一次可以表达这种心情的行动更能让孩子理解妈妈。

结婚后，如何获得孩子们的信赖，成为困扰我的最大难题。即使我无数次地表达：“我是多么爱你们！我的孩子！”也不会得到孩子们的认可。特别是爱丽丝，她已经到了可以思考问题的年龄，对我充满了戒备之心。

于是，我决心用行动代替语言，来获得孩子们的信赖。有的妈妈处在我这样的情形，很可能会通过给孩子们喜欢的东西来获得他们的信任。而我采取的方法是，让他们从最细微的环节能感受我的关心。

所谓关心，并不是所有事情都替孩子做好，而是从日常生活中的点滴着手，我经常和孩子们聊天，尽可能多地和他们待在一起，一起玩、一起唱歌、一起跳舞，首先消除孩子们对我的距离感。

在和孩子们聊天的时候，我自然地了解了孩子们最喜欢做什么、有什么不满、有什么烦恼……在孩子们遇到困难的时候，我不会直接替他们解决，而是帮助、引导他们自己解决问题。在这样的反复中，孩子们开始信任我。在获得充分的信任之后，一旦遇到什么问题，孩子们总是首先来寻求我的意见和帮助。

孩子信任妈妈，意味着孩子拥有了一个可以依靠的后盾。有了这样的后盾，无论做什么事情，都不会害怕失败。即使失败了，还有一个地方可以让他战胜失败，重新站起来。

第二，妈妈也要读书

大概世界上没有哪个国家比韩国的学习气氛更差吧，否则为什么韩国电视台会有“读书吧”这种号召国民读书的节目呢？

对于妈妈们来说，读书似乎是一件异常苦恼的事情。

“我们的孩子总是不能集中精力读书，看不到10分钟就开始走神了。”

在谈到“如何培养孩子读书兴趣”的问题时，妈妈们总是这样抱怨，于是我问她们：“你们自己喜欢看书吗？”

几乎没有哪个妈妈能够很干脆地回答我，10位妈妈中有9位会这样回答：“我们得做家务事，还得照顾孩子，没有时间看书。”

这些话听上去似乎很有道理，看起来没有比韩国的妈妈们更忙碌的人了。全职家庭主妇一天走的路积累起来有5公里之多，而上班的妈妈则更加辛苦，她们简直希望自己有分身术。但是，忙碌不能成为不读书的借口。

在家里我是3个孩子的妈妈，在学校里我是学生们的教授，工作生活十分紧张繁忙。尽管如此，每天仅有的一点休息时间我也从来不看电视。对于忙碌了一天的我来说，看一个有趣的电视节目，放松一下紧张的大脑是个非常不错的选择。但是，如果我看电视，孩子们也会去看电视。因此，我宁愿把看一本有趣的书当作休息。

孩子们看到我的样子，也会去看书学习，不知不觉中，这成了他们的习惯。我问他们看电视和看书哪个更有趣？他们总是回答：看书是世界上最有趣的事情。

当然，这样要求韩国的妈妈们未免有点强人所难，每个人都有自己不同的爱好。但是，请想一想，在打发孩子去做作业或写日记之后，妈妈们做些什么呢？是不是靠看电视来消磨时光呢？为了放松一下紧张了一天的神经，看电视休息是无可厚非的，但是要明白一点，妈妈为了放松看电视，孩子也会产生一起看的念头。结果，孩子和妈妈一样，总是惦记着电视的内容，或者把看电视当作是日常生活的一部分，结果影响了学习。

如果真的想让孩子读书，妈妈首先要养成读书的习惯，孩子们会学着妈妈的样子去做，当读书成为妈妈日常生活的习惯时，孩子们也会把它当成生活的一部分。

第三，让孩子看到妈妈是遵守秩序的表率

在道路上，我们经常能够看到这样的情况：妈妈和孩子准备一起过马路，可是离人行横道还很远，妈妈看了看四周的车辆后，抓着孩子的手从机动车道上穿了过去。

平时在学校或者幼儿园里，老师们一直教孩子横过马路要走人行道，而妈妈的举动会使孩子产生疑问："为什么过马路不走人行道呢？"有些无言以对的妈妈为了掩饰自己，只能闪烁其词地说："和妈妈过马路的时候可以这样。"

妈妈的解释真是太荒唐了，简直令人发笑。不过，可以肯定的是，妈妈这样一个小小的错误将会影响孩子一生的价值观。

学校和幼儿园教育孩子们要遵守秩序，社会上在轰轰烈烈地开展遵守秩序的运动，而妈妈的一个行为，却让孩子失去了遵守秩序的意识。

不知道读了这本书的妈妈们会不会审视一下自己平时的所作所为呢？在一个大型的折扣超市，如果买东西的时候，爸爸妈妈推着购物车横冲直撞，还总是把购物车推出规定的范围，孩子看到这种情形，自然也不会养成遵守秩序的习惯。我们要成为一个遵守秩序的发达国家。据调查，在加入 OECD（经济合作与发展组织）的国家中，韩国是遵守秩序意识最差的国家。记住这句话吧：

错误的秩序意识有可能夺去你孩子的生命。可以这么说，父母们遵守秩序是为了孩子更平安地成长。

第四，不要经常使用“累”、“辛苦”、“生气”

韩国人有两种病，一种是“辛苦”病，一种是“抱怨”病。当然，人们整天忙得昏天黑地确实会很累，每天辛苦地工作还买不起一套房子，心情当然不会好。尤其是家庭主妇，每天都重复着单调而繁重的家务劳动：打扫卫生、洗衣服、买菜、做饭……为数不多的收入还要给孩子准备名目众多的培训费。物价每天都在上涨，生活越来越艰苦，生活入不敷出，还要给自己的父母、公婆买这买那，因此，年轻的妈妈们经常抱怨是可以理解的。现在，“累”、“辛苦”、“生气”几乎快成了她们的口头禅。但是，脱口而出的话对孩子的教育却是致命的。父母的牢骚，会使孩子们以为世界就是一个生活艰辛、劳累、让人充满牢骚的地方。在这样的环境中成长起来的孩子对社会会产生一种畏惧感。

而事实上，抱怨所带来的负面影响还远远不止这些，如果孩子以为使妈妈又累又生气的对象还包括爷爷、奶奶、爸爸甚至自己，他们就不会觉得家庭是一个乐园，而是一个令人痛苦的地方。

第五，不要和别人比较

“邻居家的孩子早就开始学英语了……”

“姐姐不是第一就是第二，你是怎么学的？”

这是在韩国家庭中经常听到的话，韩国有很严重的语言暴力现象。所谓语言暴力，是指使用过分的语言或在和他人比较时所使用的过激语言。对孩子而言，语言暴力比体罚更容易造成伤害。

有人认为通过比较可以激发人更大的潜力，这是毫无根据的。在把孩子和别人做比较的时候，孩子不一定会产生竞争心理，反而会有失败感和羞愧心。因为失败感，孩子会失去自信，不只是成绩，在生活中也会处处碰壁。

一般情况下，父母总把孩子们的学习成绩和排名同别的孩子的进行比较，因为其他的才能（如绘画或音乐等）不容易比较，如果学习成绩好，就是能力出众，成绩不好，则被认为没有能力。

这一点令人怀疑，学习成绩好，真的就代表孩子能力出众吗？这只是大人们自己制定的标准，当然我们也不能忽视这种能力。但是，单凭学习成绩这个标准来衡量孩子们的能力是不正确的。

单纯凭借学习成绩来评价孩子的能力存在一个巨大的误区。对所有的孩子来说，每个人有各自不同的能力。即使是双胞胎兄弟，能力也各不相同。怎么能仅凭学习成绩来评价孩子的能力呢？

问题的关键不是孩子的能力问题，而是父母是否善于发现孩子的能力。父母是为孩子的人生打基础的人，而韩国的父母们总是拿邻居家的孩子和自家的孩子比，却把自己的职责抛到了九霄云外。把自家的孩子和邻居家的孩子比较，就好像拿自己家的苹果树和邻居家的梨树做比较一样没有意义。

现在不要再浪费时间把自己的孩子和别人家的孩子做比较了，有这个时间，还不如和孩子在一起做一个有趣的游戏，等待着孩子展现自己的才能。

在韩国，妈妈们十分辛苦，尤其是为了把孩子培养成才，可以说不辞劳苦。但只有满腔热情、盲目地辛苦并不能保护孩子和正确培养孩子。在教育孩子的过程中有一点是非常重要的，那就是妈妈必须以身作则，让孩子在自己潜移默化的影响下健康成长。

天才是1%的天分加上99%的血汗。我也有这么一句话：孩子的成功是1%的天性，加上妈妈99%的教育。

延伸阅读

如何培养孩子的阅读兴趣

现在的孩子都喜欢玩电脑，让孩子养成读书的习惯是不容易的。但读书是生活中必不可少的事情，父母应该加倍努力让孩子喜欢读书。

首先是父母自己必须喜欢读书。法国作家萨特 (Sartre) 从小就喜欢听奶奶和妈妈讲故事。有一天，他看见妈妈膝盖上有一件东西，妈妈和奶奶都叫它“书”，家里装满了这种叫做“书”的东西。后来萨特知道所有有趣的故事都来自这些“书”。从此他下决心学习文字，以便可以读那些有趣的书。

第二，在孩子提问题的时候，如果妈妈自己也不知道答案，不要只说一句“不知道”。可以跟孩子一起查查有关的工具书来寻找答案，由此告诉孩子可以在书中获得智慧。这也是引导孩子读书的一种方法。

第三，帮孩子挑选适合他年龄段的图书。刚过周岁的孩子看那些纸张厚厚的、一页只有一张图的书比较合适，最好是由妈妈讲解内容；其次是那种一页里有一两行文字的童话书；等孩子上幼儿园了，可以读一页里带有一段文字的故事书。如果孩子要求读他们喜欢的书，最好能按他们的意愿选择图书，不能打击他们说：“孩子应该读伟人故事或科学故事才能掌握知识。干吗总想听什么灰姑娘、睡美人之类的故事呀？”其他种类的图书最好是等孩子喜欢上读书以后再作考虑。

第四，给孩子提供选择图书的机会，这样才能提高孩子对书籍的兴趣。定期带孩子去书店挑选图书不失为一个好方法。也可以去大型书店，或者去附近的小书店。最好是在去书店之前跟孩子商量好买几本书。这样既能培养出良好的消费习惯，同时也能让孩子养成爱读书的习惯。

第 5 章

要想孩子上名校，父母必须知道的 5 件事

小时候父亲教我一首英文诗，至今我依然能一字不错地背出来。等到我当妈妈后，我延续父亲的教育方法，先一句句读给孩子们听，然后再解释每一句的意思，并且一天只学一个句子，经过反复记忆，就永远忘不了。

小女儿南希只要一上幼儿园就哭闹，我每次心软时都想将她带走。但如果破例一次后，她就会认为哭闹能达成心愿。最终她慢慢地就接受了这一现实，自己去寻找欢乐。

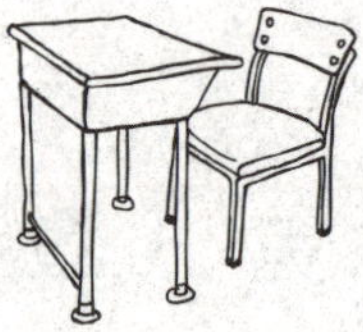

英语教育：妈妈不必成为“英语博士”

现在，韩国越来越多的妈妈开始学起了英语，尽管对她们来说这已经有点晚了。妈妈们希望能够在孩子学习英语的过程中辅导孩子。她们都希望自己的孩子能够说一口流利的英语，以便迎接全球化浪潮的到来。现在学习英语已经成为韩国最热门的话题之一。但是我认为，妈妈没有必要为了培养孩子学习英语，自己也成为英语专家。

在美国，很多韩国移民子女因为英语不好，在学校里被同学孤立。这样对孩子的发展极其不利，为此，在美国我就开始用英语和韩国语进行“双语教育”。起初，我是为了帮助那些英语不够熟练的孩子尽快适应美国的教育环境，后来在许多人的帮助下，发挥集体的智慧，创建了双语教育。双语教育是我事业上最重要的组成部分之一。我不断向美国政府递交请愿书，向他们诉说第二代移民的苦衷，最终美国政府第一次破例将移民子女的语言教育问题纳入了预算。我的语言教育工作也就是从那个时候开始的。

我所教的学生们的父母，有很多是中年才移民到美国的，所以大部分英语不好。不过这没关系，父母不会英语对孩子的英语学习没有太大的影响。在我所教过的学生当中，有的还非常幼小，甚至还不会自己上厕所，经常尿裤子，但是经过一段时间的英语学习后，这些孩子所取得的成绩却十分惊人。

更神奇的是，孩子们经过系统化的教育后，学起英语之外的语言，也驾轻就熟。通过英语的学习，他们领悟了学习外语的方法。

无论是学习哪个国家的语言，孩子要熟练掌握外语必须遵守几点原则。在掌握了这几点原则后，别说英语，就是学习第三国、第四国外语也不在话下了。

找一个学习的帮手

现在的韩国，幼儿英语培训学校、各种英语童话书、英语磁带随处可见，铺天盖地。从教学质量上来说，无论哪一所英语培训学校、哪一本英语教科书都存在一定的可取之处。

孩子在学习英语的过程中，重要的不是教材内容，关键是这些书是否能被孩子所吸收，孩子在学习的过程中，能理解到什么程度，能不能将所学到的东西付诸实践。

在学习英语时，家长应该为孩子找一个学习的帮手，也就是找一个能够检验孩子学习效果的人。人们在学习英语的时候，学完新的内容后，总是忽视复习和应用。如果缺少这个环节，即使孩子在课堂上学得再熟练，也无法应用到实际生活中来，那么孩子学到的只是哑巴英语。

学习帮手不仅仅是辅导孩子学英语，更重要的是检验孩子的学习效果。大部分知识的学习尤其是英语学习，是在不断犯错、改正错误、再犯错、再改正的过程中逐渐积累起来的。经过对所犯错误的正确认识，可以对知识点有更深刻的理解。人们对所犯的错误，印象最深刻，这样有利于对知识点的记忆，甚至比一次性记住的效果更好。

谁来做这个帮手呢？帮手没有必要是英语方面的专家。初期的英语学习中，帮手的主要任务是检验学习成果，所以不必有多么高的英语水平。

但重要的是，这个帮手要能帮助孩子克服学习外语时的胆怯心理，增强孩子学习的信心。在学习过程中，如果孩子害怕犯错误，那么一旦犯了错误就会极大地打击他们学习英语的热情。因此，学习帮手一定要在学习的过程中维护孩子的自尊心，打消他们害怕失败的心理，让孩子把英语学习看做一种乐趣。

学习的帮手可以是近邻、亲戚，也可以由妈妈直接来担任。只要稍微留心一下，你就可以在身边找到很多好的学习帮手。但是如果妈妈认为只有英语专家才能帮助孩子学习英语，那么恐怕就很难给孩子找到学习帮手了。培训学校和家庭教师是孩子学习英语的第二种选择，但前提是要保证培训学校或者家庭教师能够促进孩子学习英语的积极性，对孩子能够起到真正的辅导和督促作用。

不要死记 ABC

在进行双语教育的时候，课堂上有一项重要的内容就是让学生们反复地听英语磁带。这些磁带里录有不同水平和不同内容的英语句子。我让学生们在课堂上反复听这些磁带，有时还要求他们回家去听。

这样做的目的就是让孩子们通过反复地听，熟悉英语句子的结构和单词的发音，对英语首先有一个感性上的认识，培养孩子们的语感。

这就和婴儿学说话一样，婴儿在学说话的时候，最先就是从“听”开始的。不管孩子们自己愿不愿意，每天都会听到大量的对话，孩子们听惯了这些对话，对人们所使用单词的发音、句子的结构和语言环境就产生了感性上的认识。孩子们渐渐明白了人们对话的内容，然后就尝试着去说，通过这一过程最终学习了说话。因此，学英语要先从“听”打开突破口。

现在，韩国的一些妈妈恨不得自己的孩子刚一出生就会说一口流利的英语，在孩子连母语——韩国语还没有完全掌握的时候，就不厌其烦地教他们学英语。这样对孩子英语入门没有任何意义，对他们来说这些字母不过是一些图画和记号罢了。

在还没有熟悉英语的语言环境时，就开始死记硬背单词，也没有什么作用。通过不断地听英语句子，在熟悉了句子的结构和发音之后，再挑出句子中的单词，将拼写、发音和意思一起记忆也为时不晚。之后再通过单词的替换，记忆更多的单词，这样能够达到事半功倍的效果。

举个简单的例子，“Where is a school?”是我们非常熟悉的一个句子。在孩子反复听这个句子并熟悉了句子的结构和发音之后，再让孩子去学习这句话对应的每一个单词的发音和拼写。记住这些单词后，还可以用其他单词去替换“school”，这样可以帮助孩子掌握更多的单词。通过这样的学习，孩子对英语的句子就会有一个系统的认识，很容易掌握。

而且通过这一过程，孩子还能更好地掌握英语的韩文意义。有时候看到周围的人在教孩子英语时，将韩文的意思也告诉孩子。这样一来，孩子在学英语的时候，就像是鹦鹉学舌，只能当时模仿一下发音，而英语的韩文意思也会很快就忘记了。其中的原因就是孩子依赖韩文意义学英语，对英语的理解能力不够。

必须背诵需要熟记的内容

对于学习英语是否需要背诵这个问题，目前存在很多争议。

有些妈妈会问这样的问题：“对还不熟练的英语，孩子们需要去强记吗？幼儿英语教育一定要背诵吗？”

实际上，根据我英语的教学经验，特别是对幼儿学习英语，背诵是一种十分有效的方法。于是，又有许多妈妈问我：“让孩子去背诵那么多东西，不会产生副作用吗？这会不会埋没了孩子的创造力？使孩子对英语学习产生抵触情绪？”

其实，这些妈妈并不了解自己的孩子，要知道，处于成长期的孩子，记忆力已经发育到了相当高的程度。只要感兴趣，孩子们学习知识的能力非常强，记忆知识轻而易举。在孩子听一个句子的时候，如果对句子内容感兴趣，孩子会很快记住整个句子的读法和内容。

从未在外国生活过的孩子，如果对英语学习感兴趣，通过适当的辅导和反复的听说练习，孩子可能有一天会忽然用地道的语调说出整句整句的英语来。因为孩子会将感兴趣的东西 100% 地储藏在大脑里。

孩子的记忆有无限的潜力。认为过度地记忆会使孩子丧失创造力、产生抵触情绪的认识是错误的。孩子抵触学习不是因为过度地要求他去记忆知识，而是因为此前的错误学习方法使他失去了学习的兴趣。如果孩子怀着浓厚的兴趣去记忆，那就绝对不会妨碍他创造力的培养，适当的记忆，反而能够提高孩子的创造力。

小时候，父亲曾经教我一首英文诗。当时，父亲先一句一句地读给我听，然后给我简单地解释每一句的意思。

我对诗的内容非常感兴趣，很快就将它记到了脑子里。即使现在，几十年过去了，我依然能将那首诗完整地背诵出来。那之后，父亲又用相似的方法教我背了许多首英文诗。在背诵的过程中，我的英语水平有了显著的提高。

不过有一点需要注意的是，孩子们的注意力不如成人，不能保证孩子一天都能集中注意力去记忆知识。教孩子再多的东西，即使他有很强的记忆力，如果注意力不能集中的话，也吸收不了。所以我建议家长们，幼儿学习英语的时候，一天只要学习一个句子，经过反复地记忆，最后能够正确地背诵下来就可以了，万万不可求多求快。

中国古代先哲孔子曾经说过："学而时习之，不亦说乎。"因此，家长应该帮助孩子随时复习学过的知识。通过反复地背诵、复习，孩子的英语每天都会有喜人的进步。

学单词以动词为主

越小的孩子，越热衷于自己感兴趣的东西。如果孩子把一本童话书看了又看，那就说明孩子对这本书的内容非常感兴趣。

掌握了孩子的这个特点后，可以利用这一点，使孩子更快更容易记住英语单词。

小孩子都不喜欢安静地待着，一天之中几乎没有一刻闲着的时候。在教孩子英语单词的时候，先教孩子动词比教名词的效果更好一些。吃、喝、玩、睡、说……这些动词更能引起孩子们学习的兴趣。如果教孩子日常生活中经常做的动作，效果会更好。因为，这样随时随地都可以边做示范边教给孩子，孩子在做动作的时候也学会了英语。

在吃饭的时候，边做吃饭的动作边告诉孩子“eat”是吃饭的意思。每次吃饭的时候都重复这个词，不知不觉地，即使妈妈不说，孩子也会一边说“eat”一边兴高采烈地吃饭了。这比只教干巴巴的名词更能吸引孩子们的注意力。

在熟悉了动作之后，可以将词汇的范围扩大到形容词。如“angry”“pretty”“beautiful”等可以引起孩子兴趣的单词。随后，再教孩子副词、名词。

有些心急的妈妈总是盲目地先教孩子名词，孩子在学习的过程中，对一些名词只有一个抽象的概念，学习达不到寓教于乐的效果，孩子有可能会厌倦这样的学习。

利用录音机正确掌握英语发音

孩子学习英语的时候，妈妈要避免一个错误，那就是轻率地教孩子不纯正的发音。在教发音时妈妈不要急于求成，一定要让孩子掌握标准的发音后，再学习其他内容。

我建议妈妈们利用录音机来教孩子的英语发音。通过听标准的英语录音，孩子可以正确掌握成年人所听不出来的细节部分。如果孩子们从小就注意语音的学习,那么像“L”和“R”这样困扰的发音问题也就不存在了。正确的发音对孩子学一口地道的英语非常重要。

如果孩子接触的不是纯正的发音，就学不会纯正的英语。长大后，再想改过来就十分困难了。

有的妈妈想自己直接来教孩子英语，这就要求妈妈们一定要掌握正确的语音语调。这可不是一件容易的事情，我劝这些妈妈们还是利用录音机来完成这项工作吧。

在孩子 6 岁之后再学习语法

韩国式的英语教育中有个很大的弊病就是偏重语法。实际上，在熟悉句子后，随着词汇量的增加，不用教语法自然也就会了。

在美国进行双语教育的时候，我也为语法教育问题花费了不少心思。语法学习的目的就是为了掌握将每个词连成句子的道理。就像是解数学题一样，掌握了解题的思路，就可以轻松地做题了。

但是，对小孩子来说是很难明白语言中抽象的道理的。我认为，在教语言的时候，无论是听力还是口语，开始得越早越好。但只有一项例外，那就是语法学习。现在，小学已经开始普遍设立英语课，我认为孩子学习英语语法最早要在 6 岁之后开始才比较合适。

我在这里所指的语法学习不是说如“否定词”怎么用、“过去式”是什么样的填鸭式教育。而是指在对话中，通过对句子的反复练习，让孩子自己领会每一个单词应通过怎样的语法使用。

“I' m hungry. Are you hungry?”

“No，I' m not hungry.”

"Yes, I' m hungry."

在这段对话中出现了 3 个"I' m"。通过反复地练习，在熟悉句子内容的过程中，即使不用详细解释，孩子们也能自己领会第一人称"I"要和第一人称动作的"am"一起使用。

学习语法的时候，孩子的年龄要能跟得上这种形式的学习。同时，在授课的时候，无论是老师还是家长，都不要采用填鸭式的教育方法，而要通过循序渐进、反复地练习，让孩子自己去领悟。

延伸阅读

幼儿时期的英语教育是必需的吗

现在我国的幼儿正被英语风暴折磨着。学英语对将来确实大有好处，但更重要的是什么时候学，怎么学。过早学习英语反而不好。有个孩子盲目地背诵了很多英语单词，其中包含有“ten”这个单词。因为不知道单词的意思，只要看到有“t”这个字母，他就念成“ten”的音。

还有一个孩子只会用单个词语来表达意思，他把幼儿园的老师也叫妈妈，只要是生气就喊“No”。所以根本无法跟同龄的孩子交流，当然就没有朋友了。同龄的孩子已经可以用 4 个以上的词来组句了，这个孩子却做不到。究其原因，是因为孩子的妈妈在他还是婴儿时就开始用英语跟他说话了。因为我们在日常生活中用不到英语，孩子无法理解听到的英语的意思。他说出的英语实际上没有任何意义，只是罗列单词而已。如果小孩子的国语水平还停留在基础阶段，过早进行英语教育的孩子当中有一些就无法用母语来沟通，只会喃喃自语。

语言学家认为，世界上的语言虽然各不相同，但语言学习的内部结构是一样的，所以只要把母语学好了，另一种语言也将比较容易学习。以前，台湾的幼儿园给孩子教过英语，但后来发现，这会让孩子的母语能力下降，于是 1997 年开始停止教授幼儿英语。2006 年，新加坡也以同样的理由劝阻人们不要给幼儿教授英语。

英语教育应该在孩子学会使用母语以后开始为好。

我曾在京畿道阳平郡的小学里教过英语，并且确信在小学阶段开始学英语也为时不晚。婴幼儿时期让孩子看到外国人用英语说话的样子，使孩子认识到“英语是美国人或英国人使用的语言”，同时培养孩子沟通的欲望就足够了。

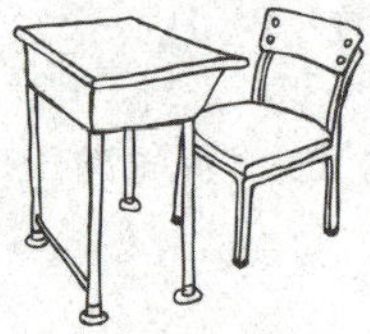

适应社会：让孩子自己去经历和领悟

孩子在步入社会后，如果不能很好地适应这个社会，仍将一事无成。即使孩子拥有发达的头脑、超众的能力，但若与社会格格不入，在别人面前缺乏自信，处理不好人际关系，还是没有用武之地、无法发挥自己的才能。

最近，在汉城地区，接近40%的孩子沉溺于网络。这意味着我们的孩子们缺乏适应社会的能力。这些孩子在学校被孤立，处理不好人际关系，为了逃避现实，便将所有希望都寄托到了虚拟世界当中。现在这个问题已经引起了社会各界的极大关注，在一些综合性医院里，已经专门设立了人际关系门诊。

有人认为适应社会就是要性格温顺、心情保持愉快，其实不然。真正适应社会的能力是要使他人能与自己产生共鸣，可以同他人建立密切的关系。

孩子的这种能力不是哪一天就突然具备了的，而是需要一个长期的培养过程。孩子幼年时，如果妈妈不去有针对性地培养他适应社会的能力，那么当孩子真正步入社会后，就会因为不适应这个社会而被无情地淘汰。培养孩子的这种能力，妈妈应当遵循以下几种原则。

多和孩子敞开心扉谈心

孩子在家庭中存在问题，在社会上也会出现问题。

孩子最先是通过妈妈来了解这个世界的，年幼的时候，妈妈是孩子的全部。如果感受不到妈妈的母爱，孩子对这个世界也会产生不满。

在妈妈那里有了挫折感，孩子会对整个世界持否定态度，陷入忧郁之中。他会认为这是一个令自己很痛苦的世界。这样的孩子在成人后，与别人的接触中总会存有戒备之心，无法同他人建立良好的关系。

小时候和妈妈关系密切，形成默契的孩子，也会同他人相处得十分融洽，做起事来会信心百倍。妈妈是孩子最亲近的人，妈妈同孩子的良好关系，是孩子迈好人生的第一步，适应社会的基础。为了使孩子在步入社会后能够同他人建立良好的关系，妈妈必须首先保证自己和孩子建立融洽的关系。

如何判断孩子同母亲的关系呢？这就要求母亲在生活中，对孩子的细微变化都很敏感。

偶然中我发现了爱丽丝写的一首诗，这首诗描写了枯叶从树枝上落下，在地上随风翻滚的情景。在读诗的那一瞬间，我的心感觉到一丝酸楚。

现在，我和孩子们已经成为一家人了，但是爱丽丝仍然没有完全信任我，这使我心里非常不安，怎样才能使孩子向妈妈敞开心扉呢？

读懂了孩子的心思后，晚上我对爱丽丝说：“爱丽丝，今天晚上和妈妈一起睡好吗？”

彼得和南希听到这句话后，也大声嚷嚷着要和妈妈一起睡，我故意大声对他们说：“不行，今天就我和爱丽丝两个人一起睡。”爱丽丝骄傲地拉着我的手，和我一起去睡觉了。

孩子不像成人，他们不善于表达自己的感情，他们经常把这种感情带到自己的行动中去。坐在街上哭、无理取闹、突然不说话、行为反常，这些都是信号。作为妈妈要能从这些信息中，看出孩子的内心世界。如果妈妈不能及时掌握这些信息，孩子和妈妈的关系就有可能会出现问题。

孩子同妈妈的关系，对孩子今后步入社会是否有信心、能否健康生活有着极其重大的影响。

对无理取闹的孩子一次都不能心软

每天早晨，我总是在上班的时候顺便开车送3个孩子去幼儿园和学校。自从南希上幼儿园后，送他们的时候，3个孩子总是一起并排坐在后座。送3个孩子上学已经成为我生活中的一种乐趣，3个孩子也很喜欢坐在车上嬉笑打闹。

但是没过多久，有一天，南希在幼儿园门前下车后突然说讨厌去幼儿园。

当时南希所去的幼儿园是一所小学的附属幼儿园。因为家里没人照顾南希，而我上班可以顺便送孩子，于是就让南希提前一年上了幼儿园。

面对无理取闹的南希，我也无可奈何，不管怎么劝说她也不听，最后她抓着我的裙摆开始大哭起来，看着大哭的南希我感到很为难。

"是不是带着南希去上班呢？幼儿园里出了什么事了吗？"

我的脑子里产生了很多念头，但最后我还是坚决地对南希说："南希，其他小朋友不是都高高兴兴地去幼儿园了吗？南希再怎么哭，妈妈也得上班去。你为什么讨厌去幼儿园呢？告诉妈妈好吗？"

南希听了我的话后，依然不停地哭，我想她只是不想去幼儿园罢了。我又看了看南希，叹了口气对她说："妈妈要走了。"然后把她交给了幼儿园的老师，转身上班去了。

到达学校后，我接到了南希幼儿园老师的电话，她说南希现在还在哭。我问老师南希在幼儿园发生了什么事？电话一端传来了笑声，老师说，孩子刚到一个陌生的地方肯定会不太适应，这是每个孩子都需要经历的一个过程，不用担心。

在那之后，又经历了几次这样的过程。每次心软的时候我都想把南希带走，但是，每次我又强忍了下来。我想，如果破例一次，再想开始就困难了。

南希不久就不再哭了，也不会无理取闹了，她很快适应了幼儿园的生活。她明白了无论自己怎么闹，妈妈还是会将她送到幼儿园的，于是她开始自己去寻找其他能够带来欢乐的方法。从此以后，南希不仅可以从妈妈这里，还可以从别人那里得到欢乐，她也开始享受这种欢乐。

南希比我想象的要坚强得多，她不再是爱撒娇的小孩子了，在小朋友里，她成了一个孩子王，和小朋友们相处得十分融洽。这使我明白了，以前只不过是我自己一厢情愿地认为她最小，应该得到格外的照顾。

妈妈总是认为孩子应该得到更多的照顾，总觉得孩子柔弱娇嫩，应该待在妈妈身边。只要孩子一哭就以为发生了什么事，担心孩子受到什么委屈。

其实，孩子比妈妈想象的要坚强得多，对事情的反应能力也很快。孩子又哭又喊，不愿离开妈妈的怀抱时，妈妈可以试着挣脱他们的小手。当妈妈不在身边的时候，他们会很快融入新的环境中去。

让孩子多单独与人打交道

现在我和已经长大成人的孩子们相聚，聊起往事的时候，总有一些话题要被反复重提。尤其是孩子们小时候旅行的事情，总要被反复地说上好几遍。

由于丈夫工作的原因，我们不只在美国本土，也在日本和夏威夷等地方生活过。那时，一到周末我们就出去旅行，孩子们在旅行的开始总是要接受一番考验。

“彼得，现在你去订房间。”

孩子中无论是谁，只要一到宾馆，就要有一个人把行李交给妈妈，然后直接去前台订房间。我要求孩子们直接同那些穿着整齐的服务员去交涉。对孩子来说，直接同素未谋面的大人单独交涉，是一件需要胆量的事情。

第一次，彼得不停地回头望着站在大厅的我，脸上露出不安的表情。但是我一动也不动，只是用鼓励的眼神望着他。

“Can I help you?”

看孩子总是望着我，已经猜出来意的宾馆服务员亲切地询问彼得。面对笑脸相迎的服务员，彼得结结巴巴地对起话来，对话结束后，服务员将彼得领去看房间。几分钟后，还红着脸的彼得向我跑了过来。

“妈妈，我订完房间了。从窗户能看到外面的大树。”

我总要求孩子们直接面对面地同陌生的大人交谈，渐渐地，他们克服了畏惧心理。他们可以大方地同别人交谈，有时候甚至还开些玩笑。现在经营公司的彼得，一想起这些往事总是说：“我现在做生意时使用的谈判技巧，都是从那时候学来的。可以说，从那时候起我就开始进行商务谈判了。”

彼得的话不是在开玩笑，经过这样的练习后，彼得在同陌生人谈话时不再紧张不安了。而且他总是主动同别人交谈，他的朋友也越来越多。孩子就是从那时候开始接触社会的。

同陌生人接触并不是什么特别困难的事情，对孩子们来说，通过这些细小经验的积累，可以更加有勇气面对外面的世界。另外，通过同外面世界的接触，在同陌生人的交谈中获得交往的经验，可以增强孩子们的自信心。

在同社会的接触中，可以逐渐培养孩子们适应社会的能力。孩子离开自己身边后，妈妈可能还会担心孩子，但是孩子应该迈出面向社会的第一步。只有经过这样的历练后，孩子才能在社会中找到属于自己的立足点。

一致的交流：同孩子们的心灵沟通才是真正的交流

“妈妈你不知道。”“妈妈别管了！”……

在孩子的成长过程中，妈妈听到这种话时，心里一定有些酸楚。不知道从什么时候开始，妈妈和孩子之间开始有了一层隔膜。从孩子上幼儿园开始，妈妈和孩子之间就会产生一种陌生感，而孩子到了青春期时，这种感觉就更加强烈了。

随着孩子年龄的增长，妈妈对于这种陌生感越来越不知所措。于是，总是尝试着通过谈话来消除这层隔膜。“今天学校有什么事情发生吗？”“和朋友们相处得好吗？”但是这样的努力往往是徒劳的。

妈妈平时不注意听取孩子的意见，经常对孩子唠叨：“你是我生的，我还不了解你？”久而久之，孩子也不愿意和妈妈交流了。发生这种情况，大部分的原因在于妈妈。

“我一直在努力和孩子交流，为什么说错误在我呢？”

让我们来听听在孩子学习时妈妈同他们的对话吧。“作业做完了吗？”“今天的学习任务完成了吗？”“在培训班学的内容复习了吗？”这种关于学习的内容占了谈话的 80%~90%。

如果从妈妈的立场来看，这是理所当然的事情，妈妈认为对孩子来说，最重要的就是学习，所以妈妈张口闭口都是在和孩子谈学习。但是孩子却不认为这是交谈，对孩子来说，这只是妈妈在命令自己去学习。

这样周而复始，孩子就不愿再同妈妈进行交流了。**如果同妈妈的谈话都是令人厌烦的“学习”，孩子宁可自己一个人沉浸在空想之中。**

在孩子进入青春期后，妈妈仍在试图同孩子进行沟通。但是“同妈妈无话可说”的想法已经深深地植根在孩子的脑海里。在这种意识的支配下，孩子会拒绝同妈妈对话，甚至回避同妈妈的接触。

怎样才能做到和孩子有效地沟通呢？妈妈应该在孩子小的时候就养成同孩子进行沟通的习惯。为了同孩子进行友好的沟通，妈妈在认识上必须做一些改进。

倾听孩子的心声

在韩国，妈妈总是想成为孩子的老师，于是她们会为孩子检查功课、制订学习计划、监督复习在学校和培训班的功课……而这些都应该是学校老师的职责。

为了同孩子进行有效的沟通，妈妈第一个认识上的转变应该是意识到“自己不是老师”。

妈妈要履行的职责和老师的职责是不同的。老师的职责是授课，老师在学校里将知识传授给孩子们，而孩子要无条件地听老师讲课。我是一名教授，但在家里我不会教孩子们在课堂上应该学的知识，我通常是通过一些寓教于乐的方式让孩子们去学习。在家里，我的身份不是一名教授，而是一个家庭主妇，一个妈妈。孩子们也不是我的学生而是我的孩子。我在家里努力忘掉自己的教授身份，使自己更像一个妈妈。我的责任就是听孩子们说话，将家庭营造成一个可以让孩子们自由表达自己想法的地方。

妈妈总觉得孩子在回避同自己的谈话，但我认为孩子其实很愿意找人交流。但遗憾的是，无论在学校还是在培训班，甚至在家里，孩子只能充当一名倾听者，而不能按照自己的想法同别人交谈。所以妈妈不能像老师一样，总是不停地说给孩子们听，而是要经常听一下孩子的想法，成为孩子可以交流的对象。

把谈话的主导权给孩子

韩国的妈妈们在同孩子交谈时，总是占据主导地位，这成为同孩子交流的一块绊脚石。

一般情况下孩子组织语言的能力要比妈妈差很多，无论孩子多么善于表达，也说不过妈妈。妈妈不要总想通过对话来说服孩子，这样孩子会认为自己是在被迫听妈妈讲话，没有交流的诚意。

交流最重要的目的就是将自己的意思传达给对方。在将自己的意思传达给对方的同时，首先要听取对方的想法，同孩子的交谈也是如此。

孩子在将注意力集中到一个地方时，就很难再对别的东西感兴趣。举个例子，孩子想看漫画，但是妈妈却让孩子去学习，孩子能听妈妈的话吗？这种情况下，对妈妈的话孩子只会“左耳进右耳出”。

如果妈妈愿意坐下来倾听，孩子才会说出自己的心里话。在说完自己的想法后，孩子才会有兴趣听妈妈讲话。他认为自己已经表达完了自己的意见，应该听听妈妈的想法了。在孩子说出自己的想法后，妈妈同孩子的沟通就容易多了。因为，这个时候孩子相信交流的话题不是以妈妈为主，而是以自己为主。

不要替孩子解决问题

我的孩子直到现在，无论遇到什么问题，总是第一个寻求我的意见。但是，我从来不会给孩子答案，而是通过同孩子的交流，让他们自己去寻求正确答案。

我们家在吃完晚饭后，有 1 个小时的对话时间。说是对话，其实就是随便地聊天。聊天的主题多种多样，聊同班的朋友、所看的书、听的音乐……总之，和自己有关或者关心的事情都可以成为聊天的话题。

在这段时间内，我通常什么也不说，只是饶有兴趣地听孩子们表达自己的观点。有时，他们的意见也不统一，这时候他们就要征求我的意见。通常我不会说出自己的意见，只会给出一些提示，最后的结论还是要由孩子们自己得出。

习惯了这样交流的孩子，在成长的过程中，从来没有把问题藏在心中。他们认为无论是什么问题都可以通过交流得到解决。在孩子们成长的过程中，基本上没有出过什么大的问题。在事情恶化之前，他们已经通过同家人的交流找到了解决的方法。

无论是在韩国还是在美国，和异性交往都是很敏感的话题。但是，爱丽丝却主动寻求我的意见，这是因为她没有经验，所以她觉得有必要听取一下我的意见。我对爱丽丝说出了我的想法，当然，最后还是由她自己来做决定。

倾听孩子，他才会倾听你

交流意味着表达自己的思想，听取别人的意见，这不仅包括语言的交流，还包括手势、面部表情、眼神的交流等等，这些都可以表达出自己的想法。

妈妈和孩子的交流是一种心灵上的感觉，即使孩子不会说话，妈妈也能感觉得到孩子的想法。

不会说话的孩子只有哭、闹、笑几种动作，特别是哭，是婴儿最常用的交流方式。而妈妈总能分清孩子哭的原因，是饿了、尿布湿了，还是困了？在别人听来同样的哭声，妈妈却都能分清孩子想表达什么信息。这种交流，是孩子同妈妈心灵上的交流。

而这种感觉随着孩子的成长，会逐渐变淡。孩子在学会说话后，语言变成了最重要的交流手段。

我每天都和孩子们一起听 30 分钟的音乐。从学校回来后，大家一起坐在客厅里，用一颗平和的心去听音乐。听完后，大家各自发表一下自己的想法，在难以用语言表达音乐的感觉时，还可以用身体语言进行表达。

有时候大家对音乐的感觉相同，有时候感觉却各不一样。但是，最重要的不是自己的感觉如何，重要的是向别人诉说自己的感觉，倾听别人的意见，这是一种没有争论的对话。

在孩子们说完自己的感觉后，我会给他们讲音乐创作的过程和音乐家的背景，让孩子们去印证自己的感觉。音乐快结束时，大家一起跟着音乐跳舞。所谓的跳舞就是随着旋律和节奏将自己的感觉用身体表达出来。

第一次，我和孩子们都有些不好意思。但是，经过多次的练习后，大家已经没有了羞涩，开始尽情地表现自己。在跳舞的过程中，大家敞开了各自的心扉，尽情地享受着舞蹈这种肢体语言的欢乐。

在韩国，如果让妈妈每天和孩子们一起跳舞，她们一定会马上表示反对。其实，我也很不好意思在孩子们面前跳舞，我只知道坐在书桌前学习，哪有时间跳舞呢？但我觉得和孩子们一起听音乐、跳舞是一种非常好的交流方式，这比和孩子说一百句话的沟通效果更好，更容易深入对方的心灵。

我最后想对妈妈们说的是，**对话不是交流的全部，同孩子们的心灵沟通才是真正的交流。**如果和孩子有心灵上的沟通，与孩子的交流就已经成功了 80%。

想和孩子进行真正的交流，请先和孩子们一起跳舞吧。如果能站在孩子的立场去考虑问题，妈妈们就不必担心同孩子的交流会出现障碍了，交流将成为日常生活中很平常的一个组成部分。

延伸阅读

让沟通之门永远敞开

在我们与孩子相处过程中，保持顺畅沟通是非常重要的。这么多年来，我与儿女间进行过无数次积极的对话，当然也有无数次效果欠佳的谈话，但最让我感到欣慰的，还是儿女们清楚地知道他们可以随时找妈妈说话。如果你不幸与孩子遇到沟通障碍，你就该适时做些调整，把谈话拉回正轨。你需要让沟通之门永远敞开，这样母子之间才能进行爱的互动和交流。

孩子长到一定阶段，总会出现一些变化。还记得孩子年幼时，老是天真地眨巴着眼睛没完没了地问“妈妈，为什么……”，但现在，在他的心目中，我们再也不是原来那个高高在上、无所不知的权威了，而成了一无所知的白痴。

我们的想法和知识在他眼中仿佛变得一文不值，这种从高处突然坠落的感觉会让我们疑惑甚至受伤，不过无需对此大惊小怪。青春期的孩子碰到问题，第一时间会告诉他的朋友，向其寻求建议。虽然这是正常现象，但我们仍需确保自己在孩子的生活中具有强大的影响力，使他与我们保持沟通。

你与孩子之间的关系是双向的。良好的沟通，是双方的对话，而不是一方对另一方说教。当然，任何时候培养新习惯都不晚，不过必须在孩子很小的时候就播下亲子沟通的种子。随着你倾听与诉说方式的与时俱进，沟通的种子会发芽成长。哪怕对自己进行一点细微的调整，你们之间的沟通都可能出现神奇的变化，它甚至能改变你与孩子间的相处方式。

下面分享一些亲子沟通的技巧和窍门，记住这些要诀，无论你的孩子年龄多大，都愿意与你有效沟通。

◆ 在未与孩子深入沟通的情况下，切勿不分青红皂白地制定这样那样的条条框框。

◆ 立下的所有规矩，其惩罚措施必须合情合理，罪罚相当。

◆ 虽然每个人都有发脾气的时候，但不要动不动就破口大骂，勃然大怒。

◆ 学会做一个倾听者，即便双方起了冲突；要认真倾听，而不妄加评论。

◆ 不要把孩子当成傻瓜一样哄骗。

◆ 注重倾听中的互动，即听了孩子的诉说后，及时用他能够接受的方式给予反馈。这么做就是向孩子表明，我们在认真听他说话，我们理解他刚刚所说的话，而不是只愿意听我们想让他说的话。

◆ 永远不要有这样的想法："我不能让你占上风，因为我是你妈，我永远是对的。"一个家，哪怕算不上彻底民主，也绝不能有强权的独裁做派。

◆ 孩子有权拥有自己的隐私，要尊重其适当的私人空间，除非有什么特殊的原因。妈妈在进入孩子私人空间之前，要先询问他以征得同意，这有助于建立互信。

◆如果要教训孩子，父母也要解释清楚为什么刚刚那个行为是不对的。当然也要给孩子辩驳的机会，但辩驳并不代表可以逃避惩罚。

在解决问题、建立私人空间、制定触犯规矩时应受的惩罚等方面，父母都最好征求孩子的意见。

◆要多顾及孩子的感受。多问些问题，创造安全的氛围，让孩子知道他可以表达自己的真实感受，那么孩子就会畅所欲言，也会更加信任父母了。如果孩子觉得他的感受得到认同，那么亲子间的鸿沟也就缩小了。

◆当双方发生冲突时，给孩子机会，让他说出自己的感受，而不是苛求他此刻仍保持理性与你谈话。通常，冲突发生后，应该给双方一些空间好好冷静一下，过一段时间才会更容易坐下来进行双向的沟通。

有效的沟通还包括态度上的要素，在沟通过程中，父母的态度一定要坚定不移、充满关爱、循循善诱、应对有度、和蔼可亲，要做到这些，你还必须有勇气自嘲和向孩子道歉。孩子跟我们一样，都希望有人倾听自己的心声。学会倾听孩子的诉说，他才愿意跟你说话。

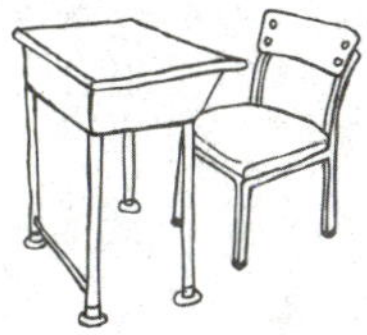

手足之情：维持竞争关系

生活在这个世界上，身边的人是你坚强的依靠。爸爸、妈妈，还有兄弟姐妹们。在遇到困难时，兄弟姐妹总会义无反顾地支持你、帮助你。我很庆幸，我的孩子们有自己的兄弟姐妹。在母亲的眼里，孩子永远都是孩子，我总是为孩子们牵肠挂肚。

兄弟姐妹间最重要的一点就是可以互相给予妈妈所不能给予的东西。父母可以为孩子做任何事，但父母再怎样无私地付出，有些东西也是无法给予孩子的，这些东西只有同一代人才能互相给予。父母和孩子之间不可避免地会有代沟。无论父母多么理解自己的孩子，孩子这个年代的苦闷和烦恼有些是父母永远也理解不了的。而处于同一时代的兄弟姐妹则不同，父母做不到的兄弟姐妹可以做到。

孩子间的竞争，妈妈要适当调节

有这样一个故事：

父亲教两个孩子钓鱼，两个孩子中，弟弟的钓鱼技术比哥哥的钓鱼技术好。长大后，两兄弟各奔前程。哥哥成为一名成功的学者，弟弟成为一名记者。有一天，弟弟对哥哥说："我经常羡慕哥哥，爸爸总是表扬你。"

听了弟弟的话后，哥哥说道："不是这样的，其实爸爸更喜欢你。你钓鱼的技术更好。"

我经常想起这个故事，它告诉我们一个道理：父亲通过钓鱼，来维持两个兄弟的竞争关系。这个故事给了我很多启发。

哥哥从钓鱼技术好的弟弟那里产生了危机感，为了战胜这个危机，他全身心地投入学习之中。而弟弟因为父亲更加赞赏哥哥，从而激发了自己的好胜心，加倍努力拼搏。

事实上，兄弟间既是同伴又是竞争者。兄弟间在形成兄弟关系的同时，也开始了竞争。他们竞争最重要的砝码就是父母的爱，这样的竞争是从双方的比较开始的。

"妈妈喜欢弟弟那样做"、"哥哥那样做会受到爸爸的批评"，双方开始从行动上做比较，然后选择是去模仿还是改掉。

兄弟间这种自然的竞争，可以激发上进心、更好地发挥各自的能力，形成正确的价值观。因为是自己选择的竞争，更能激发自己的潜能。就像两个水平相似的长跑运动员一起跑步，可以创造更好的纪录一样。

这时候，父母的作用十分关键。父母从中要进行适当的调节，因为孩子们一味地竞争可能影响他们之间的感情，因此有必要把竞争控制在一定的范围内。彼得曾经在全国的大赛上获得过优秀发明奖。获奖后，彼得非常高兴，因为长期以来，他一直生活在姐姐爱丽丝的阴影下。彼得故意在姐姐和妹妹面前把奖状递给我。在大家传看奖状时，我注意到，爱丽丝只瞥了一眼，就递给了我，脸上冷冰冰的。

我只淡淡地表扬了彼得一句，然后对爱丽丝说："我们的爱丽丝上次不是也得了奖吗？当时妈妈没有表扬你，真抱歉！"

爱丽丝马上释然了。晚上吃完饭后，我抽空把彼得悄悄地叫到跟前，抱在怀里在他耳边说："你知道妈妈现在有多么高兴吗？我真是为你感到自豪。"

我这么做，使爱丽丝确信妈妈对她的一贯肯定，而彼得也感受到了妈妈为他自豪。爱丽丝从彼得那里已经有了危机感，但是在得到了妈妈的肯定后，她会继续努力地学习。彼得知道了自己的努力会令妈妈十分开心，也更加勤奋了。如果没有注意到这一点，在爱丽丝面前一个劲地表扬彼得，彼得就会产生自满的心理，而爱丽丝也会因为彼得的骄傲而感到失落。

有的父母故意让孩子们进行比较，这样会给每个孩子造成伤害。优秀的孩子会因为父母的关注而感到压力；落后的孩子则会感到自尊心受到了伤害，从而丧失了自信，不能发挥自己的才能。应该让孩子们自然地去比较，而不能刻意引起他们之间的竞争，也不能偏袒任何一方。否则，孩子们不会正确认识自己，而是更关心父母对自己的看法。

孩子们对细微的事情非常敏感。我每天在孩子们入睡前都要给他们读半个小时的书。我把每个孩子的房间门都打开，坐在走廊里给他们读。有一天南希对我说："我的房间离妈妈最远了，请你往我的房间这边移一点。"彼得听到南希的话后，大声说："别骗人了，我才听不到妈妈的声音呢！"

紧接着，传来彼得的一阵笑声。我只要一歪头就可以看见彼得房间里面，原来彼得是捂住耳朵故意说听不到我说话的。结果孩子们因为这个问题竟然吵了起来。不知道又争论了多久，南希最后哭了。

这时我才知道，原来在我看来微不足道的小事，对孩子们来说却是一个十分重要的问题。在他们安静下来之后，我对他们说："彼得、南希，你们来这里量一下，妈妈在离你们相同远的地方读书。"

一直默不作声的爱丽丝听到这话也忽然叫了起来："为什么把我漏掉了，也要从我的房间量一量。"在以后为他们读书的时候，他们总要因为这件事而争吵。于是我不再估量距离，而是找出尺子，让孩子们直接去测量。孩子们找到一个都满意的位置后，把椅子搬过来，还做了一个记号。

"从今天开始，我就在这个位置读书，这样公平吧？"我一边读书一边想了很多。孩子们对细微的差别竟然敏感到这种地步，孩子们的想法和大人有很大的差别……

孩子们不只会在乎妈妈给予其他兄弟姐妹的东西，连兄弟姐妹和妈妈的关系也很在意，而妈妈们却总是忽视这一点。和以前的大家族式生活方式不同，现在只有父母能够给予孩子足够的关怀。孩子们认为兄弟姐妹会夺走父母给自己的爱，这就是为什么孩子们连一点小事都要计较的原因了。

从那之后，如果哪个孩子不舒服，在照看那个孩子之余，我还要照顾到其他两个孩子的心情，不能冷落了他们。在想表扬一个孩子的时候，我也会找其他理由，3 个孩子一起表扬。

我觉得世上最微妙的关系就是小孩子之间的兄弟姐妹关系。这种关系用大人的思维是很难理解的。妈妈在处理孩子之间的关系时，要抛开大人的思维，不要忘了，在妈妈眼中的小事，对孩子们来说可能就是一件大事。

竞争促使个性迥异的孩子吸收彼此的优点

韩国的妈妈们总是给孩子定一个标准，然后经常拿这个标准把自己的孩子同别的孩子做比较。而这个标准通常就是学习成绩。

一百个人有一百种不同的性格，一样的父母生出的孩子个性也各不相同。但是妈妈们总是看不到孩子们不同的个性，只按照自己的标准去要求孩子。如果符合妈妈规定的标准就是有能力的孩子，不符合标准就被认为是没有能力的孩子。

有的孩子因为没有按照父母的意愿去做，在和兄弟姐妹的比较中处于下风，他们也认识不到自己的特长，于是就以为自己是一个没用的人，将自己排除在这个家庭之外。

正在抚养孩子的父母们，首先应该弄清孩子们的不同个性。认为只有"学习好才是好孩子"的想法，只会剥夺孩子的个性。通过孩子的个性，可以了解孩子适合做什么。一般情况下，语文好的孩子英语也好，唱歌好的孩子画画也好。在弄清孩子的个性后，就要针对孩子的个性因材施教。

也许有的妈妈会这样问："如果太注重孩子的个性，会不会影响孩子同其他兄弟姐妹的相处呢？"当然不会。孩子们个性的发展反而会使兄弟姐妹间的关系更加和睦。以我的经验，孩子们通过比较，相互影响，相处会更加融洽。

从小就很内向的彼得，在具有领导才能的爱丽丝的影响下，不知不觉地变成了外向型的人，可以口若悬河地发表自己的主张。南希除了具有音乐细胞外，还具备了逻辑推理和思考能力，最终成了能言善辩的律师。而她的逻辑推理和思考能力正是受了彼得的影响，善于辩论则是受到爱丽丝的影响。

不知从什么时候开始，个性迥异的孩子们忽然有了共同点。这正是兄弟姐妹互相影响的结果，他们吸收了其他人的优点。

电影《像流淌的江水》中有这样的台词：

> 不知道河里的小鱼对游向何方是否有一个共同的目标。但是，最终所有的小河都会汇入一条江，而江水最终也会流入海洋。

江水川流不息，有的江水湍急，令人不敢涉险；有的江水平缓，成为鱼儿的乐园。但是，所有的江水不管怎样流，最终都会注入大海。如果有人想阻止江水的流淌，或者将它引向其他的方向，都会被江水所吞没。

教育孩子就和这个道理一样，孩子们就像是不同的江水，但最终都会流向一个地方。如果父母想要改变江水的流向，最终只能导致江河的决堤。

怎样调和孩子们之间的关系，怎样教育孩子是一个很难的问题，如果真的为孩子们着想，就让孩子们自己去竞争、自己去比较、相互影响吧。父母只要给他们足够的爱，足够的信任就可以了。随着孩子们的互相学习、互相影响，他们也会由相互竞争转变成相互促进的。

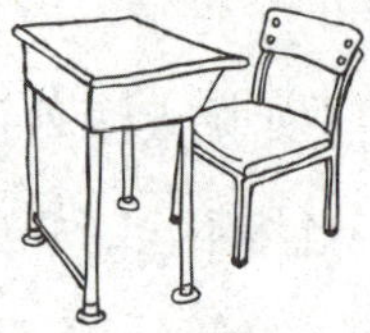

独立思考：引导孩子自己去寻找答案

每个人都有感性和理性两种认识。理性认识需要进行逻辑思考，无论处在什么样的环境中，通过逻辑思维考虑该如何解决问题就是理性认识。在通过理性思维得出结论的过程中，对事物的感知就是感性，感性是理性思维的基础。

几年前韩国开始流行关于 EQ 的说法。报纸和电视上连篇累牍地宣称 EQ 低的人将不适于社会生存。敏感的妈妈们害怕孩子的 EQ 低于别人，争先恐后地把孩子送到可以培养感性认识能力的学校去学习。

在学校培养 EQ 的方法只有一种，那就是思考的多样化。让孩子在面对一个事物时，能够从多个角度思考是培养 EQ 的核心。但是，强迫性的思考是不可取的。孩子面对不关心的东西，如果要求他去思考反而会阻碍孩子的想象力。让孩子自己去思考才是培养孩子感性认识的捷径，而这个捷径就隐藏在生活中。

不要忽略“打破砂锅问到底”的提问

在孩子的成长过程中，许多提问是没有答案的。“人为什么会死？”“人们为什么要进行战争？”孩子们类似的问题无穷无尽。如何回答这样的问题真的令大人们很为难。

不知道你是否遇到过这种情况：有一天孩子忽然问：“妈妈，我是怎么生出来的？”

这种问题虽然有答案，但是却十分难以回答。“爸爸和妈妈，在晚上相爱，就生出你来了。”即使直接这样和孩子说，孩子也不会真正地明白。妈妈面对这种问题不知道该怎样应付过去，最后只能回答：“因为爸爸和妈妈结婚了。”

这样回答完后，妈妈暗自松了一口气，以为自己的回答很巧妙，但是没有想到孩子的问题接踵而来。

“爸爸为什么和妈妈结婚？”

“因为爸爸和妈妈相爱。”

“爸爸和妈妈为什么相爱？爱是什么？”

这时候孩子连最初问的是什么都忘了，妈妈的耐心是有限度的。最后妈妈用生气的语调终止了对话：“等你长大就明白了。”虽然孩子还有很多问题不明白，但是却不敢再问了。因为他已经觉察出妈妈有些不耐烦了。

在回答了几次孩子荒唐的问题后，妈妈就开始故意避开孩子的提问，而且还会觉得这样的对话是在哄小孩子玩，简直就是在浪费时间。这样想就是妈妈的错误了，孩子是因为真的很好奇才会问这样的问题，而妈妈回答也绝对不是在浪费时间。阻止孩子的提问就是主动放弃了培养孩子感性认识的机会。

培养孩子感性认识的方法，就在这不停回答孩子的提问当中。当孩子问“为什么”的时候，孩子已经对这个问题进行了一番思考，实在想不明白才向妈妈求助，以得到正确的答案。**在孩子打破砂锅问到底的提问中，孩子的思维越来越活跃，孩子的思路也在不断扩展，这是孩子感性认识的基础。**

在孩子问“为什么”的同时，也要问孩子“为什么”。

"妈妈，人为什么会死？"

有一天正在吃晚饭的时候，南希突然向我提出这个问题。当时南希刚上幼儿园不久，对她突然的提问，我只有用常理来解释。

"人的年龄大了，身体就会衰弱、生病，衰弱到一定程度人就会死。"

南希似乎不满意我的回答，反问我：

"不是的。人不是神创造的吗？"

"是的。"

"那么神为什么让人死？"

这时候，我明白了南希问这个问题的初衷。小孩子是不会明白为什么神创造了人类，又会让人死的。我没有回答南希而是反问孩子们：

"你们都是怎么想的呢？神为什么会让人死？"

孩子们没有想到我会这样反问，一时间都陷入了沉思。最后，3 个孩子都说不知道。

我听了孩子们的话后，笑着说："其实我也不知道。我们一起想一想，再回答吧。"

几天后，我再次向孩子们提出了这个问题。孩子们各自说出了自己的答案。我已经记不清孩子们具体是怎样回答的了。爱丽丝好像回答："如果人不死，一直生活下去就会越变越懒。"彼得说："如果人不死地球上的人就会越来越多。"不管他们的回答多么可笑，重要的是他们为了寻求答案经过了不断的思考。

妈妈们总是对孩子的一些问题显得手足无措，以为必须得给孩子一个答案。实际上，并不一定要给孩子一个正确的答案，只要能让孩子开动脑筋进行思考就足够了。反过来问孩子"为什么"是一个非常有效的方法。

在孩子的成长过程中，我和孩子最常说的话就是"为什么"。

"这个为什么会变成这样？"

"我们为什么要这么做？"

通过不断地问"为什么"，让孩子们为了寻找答案而开动脑筋，经过这样不断地思考，孩子们的思路就会逐渐扩展开来。

曾经有这样一个故事：

> 在很久以前，有一个国王和一个公主。国王只有这么一个公主，因此视她为掌上明珠。有一天，公主想要天上的月亮，国王为了达成公主的愿望，把所有的大臣都叫来，一起商量办法。大臣们都说月亮离地面太远了，而且又很大，摘下来是不可能的。
>
> 一个小丑听到这个消息后，表示能够完成公主的心愿。他来到公主面前问公主：“公主殿下，月亮有多大，怎么才能摘到？”公主回答说：“你这个笨蛋，月亮只有我的指甲那么大，只有我窗前树梢那么高，顺着树爬上去就可以够到了。”
>
> 于是国王给公主做了一个只有指甲大的月亮，公主满意地笑了。

孩子的想象力和思考能力不如成年人，但成年人在思考问题的时候总爱拘泥于固定思维模式，对一个事物不会再有更多的想法。对成年人来说月亮就是月亮，但对公主来说，月亮只是一个梦想。只要能够实现梦想，即使只有指甲大小的月亮也是可以的。

孩子的想象力通过不断地思考和提问，会变得越来越丰富。如果妈妈对孩子的想法和提问只停留在固定的思维中，孩子的想象力就会受到限制。

想要把孩子培养成感性认识丰富的人，妈妈首先要改变传统认识。不要总为孩子上什么培训班而苦恼，应该先听一听孩子提出的问题，然后经常问一下孩子“为什么？”以开拓他们的思考空间，“为什么”的提问中隐藏着孩子的感性认识的灵光。

后 记

我如何将3个孩子送进哈佛、耶鲁

如今，我已步入古稀之年，我经常会想：现在是该整理我人生的时候了！我为什么而活着？上天给我的使命是什么？我是否完成了我的使命？当然，这些都是无法回答的。

我写这本书的目的是为了回顾我的人生。但是，当我写完这本书的时候，却不知为什么心里忽然有种空荡荡的感觉。现在，似乎还有很多要说的话没有说完，心里不免有些遗憾。于是，在本书的最后，再补充一些想说的话。

在我的事业生涯中，不断有人问我："教育是什么？"

我的一生似乎与"教育"有着不解之缘，直到现在，还有很多人向我询问"教育"问题。

我把我们生活的时代分成三部分，即人、空间和时间。

这个时代的"人"，在21世纪的"时间"，生活在被称为社会的"空间"里。这个时代不断地变化着，随着时间的推移，社会也在不停地发生变化，构成社会的人也在不断变化。因为这三大要素的不断更新，一个时代谢幕后，另外一个新时代就会来临。

在时代变迁中，教育也是瞬息万变的。随着人们所处的空间和时间的变化，教育也在不停变化。例如，信息社会的到来，产生了与信息相关的教育；全球化的到来，外语教育开始变得越来越重要。

但是，在这种变化中，也有亘古不变的东西。教育的中心无论在什么时间、在什么地点，都是以“人”为主的。也就是说，“人”永远是教育的中心，这意味着人性教育的重要性。无论教育怎样变化，人性教育的基本范围是不会变的，当然，也不能变。

我在成为妈妈之前，一直工作在教育第一线。我的教育哲学，就是首先教孩子怎样做人，我也是这样教育我的孩子的。

我在家里从来不教孩子英语、数学等在学校可以学到的内容，而是教孩子们在人间应有的生活姿态。每个星期我都会选择几个主题对孩子们进行人性教育。

星期一是对人类认识的教育。让孩子认识人类为什么要生存下去、人与人之间的关系是怎样形成的、家庭的概念是什么等有关人类生活的基本常识。

星期二的主题是自然。带孩子们去附近的公园、湖边等可以接触到自然的地方散步，并给孩子们直接观察自然的时间，让孩子们去听鸟鸣、闻花香、看昆虫，直接感受大自然。

我之所以认为接触自然非常重要，是因为孩子们可以从自然中获得丰富的感性认识。听鸟啼声、雨滴声可以培养孩子对音乐的感性认识。在大自然中感受美丽的风景，可以培养孩子对美术的感性认识。孩子们对自然的感觉是人类感性认识中重要的一部分。

星期三的主题是科学。我一贯认为“人类所有的发明都来源于自然”。我教给孩子们的不是学术上的科学知识，而是我们自己可以感受到的科学，我让孩子们认识到，科学来源于自然。瓦特从烧开的水壶中受到启发，发明了蒸汽机，牛顿从落在地上的苹果上发现了万有引力，这些都是从自然中得来的。

这样可以培养孩子们的观察力，也帮孩子们养成了从多种角度观察同一事物、从多种角度思考同一问题的习惯。

星期四的主题是对超自然的讨论。话题从神是什么到我们所知道的神话、传说等。希腊神话和圣经故事也是很好的话题。这样对孩子们畅想美好社会、形成正确的价值观都有很大帮助。

星期五搜集一周以来其他的话题展开讨论。比如从自然规律里诞生的科学，这种科学给人们的生活带来了什么变化。在这样的社会里，人类生存的意义是什么等都可以成为我们谈话的主题。而这个就是我毕生追求的“整体教育”（total education）。

对人类来说，一个人需要掌握知识、感性认识和社会关系。但是，如果只进行知识的教育，人就会失去了感性认识和社会性。对这 3 个方面全面的学习，就是整体教育。

我认为我的孩子各自走向成功并不单是在学校里努力学习的结果，他们从小就接受了人文、自然、科学、哲学等人性教育。如果孩子们没有这样的基础，就不会有后来的成功。对孩子们来说，人性是基础，在此之上再学习知识才能够成功。

美国总统罗斯福曾经说过：“只教人知识而不教育其品德，对社会是一个威胁。”真正的教育不只是传授知识，还要教授品德，即人性。没有人性的教育，只会给社会带来威胁。

纵观韩国的现代教育，总感到有些缺陷，仔细分析下来，这个缺陷正是教育脱离了人性。

虽然所有韩国人都在强调：“学校应该是人性教育的地方。”但是，真的来到学校你会发现，这里更注重知识的教育，而忽略了品德的教育。

这种现象不只出现在学校中，在家庭里也是一样。在学校里被灌输知识的孩子在家里也被强迫学习知识。

缺乏人性教育的教育，就像没了顶梁柱的房子，表面上看着富丽堂皇，却经不起风吹雨打。韩国的教育以及接受教育的孩子，不知在什么时候就会在瞬间崩溃，这一点令我异常不安。为了摆脱这种不安，现在就要展开以人性为主的教育。而人性教育的出发点正是家庭，这一点，希望家长们一定要牢记。

支撑我生活的力量

人始终是脆弱的，但即使是再脆弱的人，如果有某种目标和力量支撑的话，也可以发挥出自己最大的能量。对我来说，就有很多力量支撑着我。

第一股力量来自我的父亲。父亲的以身作则，让我知道了一个人应当怎样生活。父亲的信念、学习态度以及对孩子的教育观念，都对我产生了很大的影响，映射到了我生活的每一个角落。

留学的时候，我每天只吃一顿饭，一边学习一边打工，身心疲惫不堪。坦白地说，当时，我也产生过放弃学业回国的想法。当时，父亲来过一次美国，但是，由于他日程安排得太紧，我们只在机场见了一面。父亲看着我憔悴的脸庞半天没说出话来，最后，他用力地说了一句："炳惠呀，一个人只有知道了饿肚子的滋味，以后才能做大事。"

父亲的这句话使我重新振作起来。父亲经常像这样给我力量，直到他过世，他的话还支撑着我的人生。

第二股力量来自我的孩子们。现在，我一闭上眼睛，脑海中就会浮现出爱丽丝、南希和彼得的样子。我们第一次见面的样子，他们上学的样子还有成家立业后的样子。

和孩子们的相遇，成为我人生的一个转折点。从此，我生活的中心从自己转到了孩子们身上。孩子们让我明白了付出的意义，通过付出换来的是欢乐。

有人也许会问，如果没有这 3 个孩子，你有可能会拥有比现在更幸福的生活。我笑着回答，遇到 3 个孩子时，我的生活才真正开始，没有比现在更幸福的生活了。

最后的力量是因为我是一个韩国人，身体流淌着韩国人的血。韩国在历史上曾经被日本、美国等列强控制过。我去美国留学的目的就是为了成为能够为祖国发展做出贡献的人才。但是，祖国还是被人为地分裂了。

我的父亲为祖国奋斗了一生。为了寻求独立，父亲将祖先们留下的财产全部奉献出来。解放后，他在政治的最前沿孤军奋战，我继承了父亲的信念。

一个人的前进要有引导生活的动力。从这种意义上来说，韩国的妈妈们已经有了“孩子”这个生活的动力。

在韩国，作为一名女性生活是很辛苦的，除了要照顾孩子，还要背负很多东西。在找到支撑生活的动力之后，妈妈要克服所有困难，将这种动力转化为力量，这是妈妈生活的基础。

对已经成为父母的孩子们的话

有时我的孩子们会问我：

“妈妈，你为什么甘心为我们付出那么多？”

在孩子长大成人、结婚生子之后，他们开始明白了为人父母、教育子女的艰辛，正所谓“不养儿不知父母恩”。

孩子们说：“我们绝对比不上妈妈。”但是我明白，就像我是踏着父亲的足迹，把所学到的东西教给我的孩子一样，我的孩子们又踏着我的足迹，把学来的东西教给他们的子女，他们已经体会到了为孩子牺牲所换来的欢乐，他们已经知道该如何教育孩子。

平时虽然很少干涉孩子们如何教育他们的子女，但是，现在我一定要对他们说一句话：

“教育孩子的方法，并没有从我这里失传。我的努力已经延续到你们的下一代了……”

每一代人都是桥梁，是发扬优良传统、传承先进文化的桥梁……这不只是对我的孩子，也是我对所有母亲的希望。既然成为母亲，再苦再累也要满怀信心地承担下去。如果别人还没有做到，就请读这本书的你去实现吧!